晚清民国時期中国名勝古蹟圖集

龔鵬程敬題

图书在版编目（CIP）数据

晚清民国时期中国名胜古迹图集：全本精装版. 第三卷 /（日）常盘大定,（日）关野贞著；黄文溥，杨贵章译. -- 北京：中国画报出版社，2019.6（2024.7重印）
ISBN 978-7-5146-1726-9

Ⅰ.①晚… Ⅱ.①常… ②关… ③黄… ④杨… Ⅲ.①名胜古迹—中国—近现代—图集 Ⅳ.①K928.70-64

中国版本图书馆CIP数据核字(2019)第049251号

晚清民国时期中国名胜古迹图集（全本精装版） 第三卷

[日] 常盘大定 关野贞 著 黄文溥 杨贵章 译

“十三五”国家重点图书出版规划
国家出版基金资助项目

策　　划：于九涛
项目主持：于九涛 齐丽华
本卷主编：张明杰
校　　译：崔学森
责任编辑：袁靖亚
封面设计：郑建军
责任印制：焦 洋

出版发行：中国画报出版社
地　　址：中国北京市海淀区车公庄西路33号 邮编：100048
发 行 部：010-88417418 010-68414683（传真）
总编室兼传真：010-88417359 版权部：010-88417359

开　　本：16开（889mm×1194mm）
印　　张：20
字　　数：100千字
版　　次：2019年6月第1版 2024年7月第3次印刷
印　　刷：三河市金兆印刷装订有限公司
书　　号：ISBN 978-7-5146-1726-9
定　　价：1980.00元（全十二卷）

晚清民国时期中国名胜古迹图集

CHINESE HISTORICAL SITES OF THE LATE QING DYNASTY AND THE REPUBLIC OF CHINA

第叁卷

全本精装版

VOLUME 3

GUANGZHOU CITY OF GUANGDONG PROVINCE

SHAOZHOU CITY OF GUANGDONG PROVINCE
RUYUAN COUNTY OF GUANGDONG PROVINCE
CHAOZHOU CITY OF GUANGDONG PROVINCE

NANYUE DISTRICT, HENGYANG CITY OF HUNAN PROVINCE

HENGZHOU (ANCIENT NAME FOR HENGYANG CITY) OF HUNAN PROVINCE
YUEZHOU (ANCIENT NAME FOR YUEYANG CITY) OF HUNAN PROVINCE
WEISHAN TOWNSHIP OF HUNAN PROVINCE
CHANGSHA CITY OF HUNAN PROVINCE

广东广州 □
广东韶州 广东乳源 广东潮州 □
湖南南岳 □
湖南衡州 湖南岳州 □
湖南沩山 湖南长沙 □

[日] 常盘大定 关野贞 著
黄文溥 杨贵章 译

中国画报出版社
CHINA PICTORIAL PRESS

作 者

常盘大定 (1870—1945)

日本宫城县人，研究中国佛教之学者。历任日本真宗中学、天台宗大学、日莲宗大学、真宗大学、丰山大学、东京大学等校教师。1920年以后五次来华，研究敦煌、云冈、龙门诸石窟及房山石经等佛教史迹。主要著作有《印度文明史》、《释迦牟尼传》、《中国佛教史迹》、《中国佛教史迹英文评解》五册(与关野贞合著)、《中国文化史迹》十二册(与关野贞合著)等。

关 野 贞 (1868—1935)

日本近代著名建筑史研究家，生前为东京大学工学部建筑学科教授。不仅在日本建筑史方面造诣很深，而且在中国、朝鲜等国的建筑与美术史研究界也享有盛名。曾多次到中国、朝鲜及印度等国实地考察，撰写了一批影响深远的考察报告和学术论著。主要著作有《日本的建筑与艺术》、《朝鲜的建筑与艺术》、《中国的建筑与艺术》、《中国文化史迹》十二册(与常盘大定合著)等。

译 者

黄文溥

男，1966年7月生，福建泉州人；获华东师范大学学士学位，北京外国语大学硕士学位，广东外语外贸大学博士学位。1995年至2001年在日本横滨国立大学(硕士)和大阪大学(博士课程二年)留学。现任华侨大学外国语学院副院长、教授，从事语言研究和翻译实践工作。出版专著《现代日语从句时态的研究》、译著《由汉文训读传下来的日语语法》，主持教育部人文社科研究规划基金项目1项，2016年获福建省第十一届社会科学优秀成果奖三等奖。

杨贵章

男，1975年2月生，湖南永州人；副教授；毕业于广东外语外贸大学，获文学博士学位；近几年于《暨南学报》《当代外语研究》等期刊发表学术论文十余篇；参与国家级社科课题和教育部课题的研究工作，并主持多项省市级和院级课题，主编或参编多部外语教材，并参与了学术外译项目的翻译工作。

目录

CONTENTS

广东广州

GUANGZHOU CITY OF GUANGDONG PROVINCE

GUANGZHOU CITY OF GUANGDONG PROVINCE

SHAOZHOU CITY OF GUANGDONG PROVINCE
RUYUAN COUNTY OF GUANGDONG PROVINCE
CHAOZHOU CITY OF GUANGDONG PROVINCE

NANYUE DISTRICT, HENGYANG CITY
OF HUNAN PROVINCE

HENGZHOU (ANCIENT NAME FOR HENGYANG CITY)
OF HUNAN PROVINCE
YUEZHOU (ANCIENT NAME FOR YUEYANG CITY)
OF HUNAN PROVINCE
WEISHAN TOWNSHIP OF HUNAN PROVINCE
CHANGSHA CITY OF HUNAN PROVINCE

绪言

广福二省佛教何时兴起？何时达到鼎盛期？其中心在何地？追溯古昔可知，据传刘宋时代求那跋摩与求那跋陀罗，以及后魏菩提达摩都在广州登陆，陈代真谛三藏在广州制止寺传译《俱舍》和《摄》两论。由此可见，广州佛教在六朝时代已广泛流传。广州为南方海门，地理位置最适合于接受印度文化，故一有机会，它便与新文化接触交流。但佛教深深扎根于人们心灵深处、获得稳固的地位是在盛唐六祖慧能之后。六祖以后，佛教以广州和韶州两地为发源地，逐渐向福州、温州、婺州、漳州、泉州、潮州等中国南部地区扩充势力。从《景德传灯录》可知，雪峰义存之前有如下高僧:首先，出自六祖之门的高僧有广州印宗、志道、清苑寺法真、吴头陀、韶州祇陀、温州玄觉、婺州玄策，其后，南岳之门有潮州神照;再传弟子有韶州乳源、温州佛奥、婺州五洩山灵默;三传弟子有福州大安、福州芙蓉灵训、福州古灵神赞、福州龟山智真、福州龟山正原，还有广州和安寺通、漳州三平义忠;四传弟子有广州圆明、韶州灵树如敏、福州寿山师解、福州乌石山灵观、泉州莆田慧日、漳州浮石、漳州罗汉、婺州俱胝和尚、婺州新建、婺州从朗。此外，属于青原系的高僧，有再传弟子潮州大颠、福州碎石、福州普光，还有三传弟子福州牛头微;沩山零佑的后继者有福州灵云志勤、福州九峰慈慧，还有福州东禅慧茂大师、福州明月山道崇大师。与上述法系完全不同的高僧，有牛头法融四世的广州道树。

中国南部的佛教以广州与福州为两大中心，南岳法系最为繁荣昌盛，而青原法系与沩仰法系紧随其后，互相对峙，还有牛头法系。其中，福州的禅宗特别兴隆。从总体上看，六祖之门一时间在广韶两地非常兴旺，远及温婺地区。但是其后似乎没有强有力的后继者出现于中国南部。历经三世，百丈之门出了福州大安，而智常之门出了福州芙蓉。这形成了福州佛教的基础。不久，芙蓉门下出了雪峰义存与玄沙师备。至此，福州佛教获得了冲天之势。大安的门下，不仅仅停留在福州，还遍及广州、韶州和泉州各地。其中，灵树如敏打下了坚实的基础，到了其后继者——云门文偃时，广州和韶州的佛教有如旭日东升。

雪峰义存之门出了众多的英杰。比如，福州有师备、慧棱、神晏;又如，安国寺弘瑫、仟宗院行瑫、长生山皎然;还有，大普山玄通、莲华山从弇、南禅慧璠、芙蓉山如体、古田极乐寺元俨;韶州有云门文偃、林泉，漳州有保福院从展、保福超悟、隆寿绍卿、报恩怀岳，泉州有睡龙山道溥、福清院玄讷。此外，岩头全豁之门在福州有罗山道闲、香谿从范、罗源圣寿。中国南部的佛教以雪峰为中心，取得了飞速的发展。这实在是因为福州闽王王家对佛教倾注了笃信之心和加以厚护的结果。闽王王审知不仅外护了雪峰、玄沙、慧棱、神晏等人，还将弘瑫迎入安国寺，将行瑫迎入仟宗院，封号仁慧大师，将岩头的后继者——道闲迎入罗山，封号法宝大师。就连远在漳州的从展也从他那里得到了厚待。

《宋高僧传》感通科中记载了福州黄檗山建福寺鸿休在唐末广明年间被贼寇杀害后显灵之事（译者注：福州黄檗山建福寺鸿休之事迹出现在《宋高僧传》卷二十三《遗身篇第七》，非《感通篇》），还在《福州保福寺本净传》中写道："响闽岭多禅宗知识。"这应该是指雪峰时代。该书兴福科中记载了福州钟山如一照料患病僧人、出现灵验的事迹，还记载了福州爱同寺怀道之传（译者注：《福州钟山如一传》和《福州爱同寺怀道传》均出现于《宋高僧传》卷第十九《感通篇第六》，非《兴福篇》）：怀道慈忍济物而获珠一颗，知道所获得的宝珠是舍利，便分纳于南涧塔。南涧塔应该是岛石山南涧寺之塔。南涧寺现在已没有了，有一座石塔现存于该寺之东。那里本来有无垢净光寺，建于贞元年间。因此，怀道的南涧塔应该是指这座净光塔。这样一来，我们可以通过《景德传灯录》来跟踪禅宗在中国南部传播的踪迹，并在此基础上，参考《宋高僧传》的记录，便可以知道禅佛教的发展在社会上成了兴福，在信仰上有了感通。

本书作者常盘深知，以上述的佛教史为背景实地调查中国南部佛教的史迹，必须从广韶地区开始，经潮州、漳州、泉州到福州，再往婺州、温州。在这些地区当中，首先必须在广州、韶州探访六祖慧能的遗址，在韶州探访云门山，在潮州探访灵山，在福州探访东禅、开元二寺，然后，再进一步探访雪峰、鼓山、黄檗山。想要探访这些古迹的念头已经酝酿了多年，终于获得了机会，从昭和三年（1928）12月起，历时四年零一个月，在广东和福建两省进行考察，并且有了预期的所得。而且，特别令人高兴的是，在云门山与雪峰处竟然有了意想不到的收获，我本人也颇引以为豪。在能够接触到的古迹当中，属五代之后的古迹，占十之八九。我们一般会以为，随着时代的变迁，五代以前的古迹会散逸不见。但是，当五代以后的古迹一个个地呈现于我们面前之时，我们又会进而奢望五代以前的古迹应该尚有遗留。不过，五代以后的古迹，比如，云门山两碑、光孝寺两铁塔、福州白塔、石塔、忠懿王碑、慧棱的墓塔、雪峰的枯木庵、义存的墓塔，一个个都出现了，而其以前的古迹，只剩下福州净光塔碑、乌石山般若台铭、光孝寺陀罗尼幢这三者。与五代的古迹相比，会觉得它们的价值较低。这表明唐代的佛教文化中没有能够传于千载的产物。而之所以没有这样的产物，应该说民间还不具备让它们流传千古的实力。如果是这样的话，那么可以说，将造型美术的活力赋予佛教的，正是雪峰义存和闽王王审知及云门文偃与南汉王刘龑之间因缘合和的结果。

以上概括了之所以要探访广东与福建两省佛教史迹的佛教史背景，概括了实地调查后获得的成果。另，附加说明一下，关于广东和福建两省的评论与解说，全部出于常盘之笔。

光孝寺

光孝寺位于广州城内西北一华里处，为南海首屈一指的古刹，而且是一座巨刹。它的附传繁多，缘起极为复杂。要介绍该寺，首先参考《光孝寺志》为最佳捷径。但笔者尚未获得《寺志》一书，所幸该寺的沿革为《羊城古钞》所引用。（据住在广东的森清太郎的报告）对于光孝寺，我们可以作如下介绍。

一、光孝寺在城内西北一里，本是尉佗玄孙建德的故宅。

二、三国吴虞翻谪南海居此，废其宅为苑囿，多植苹婆、苛子。时人称为“虞苑”，又曰“苛林”。翻卒，妻、子还吴，施其宅为寺，匾曰“制止”。

三、东晋安帝隆和中（此处为“隆安”之误），罽宾国三藏法师始创为“王苑朝延寺”，又曰“王园寺”。

四、刘宋武帝永初元年，梵僧求那罗跋陀（此处为“求那跋陀罗”之误）飞锡至此，始创戒坛，立制止道场。初，师至此，指苛子树谓众曰：“此西方诃梨勒果之林也，宜曰‘苛林制止’。”立碑预谶曰：“后当有肉身菩萨于此受戒。”

五、梁武帝天监元年，智药三藏自西竺国携菩提树航海而来，植于坛前，志曰：“吾过后一百七十年，当有肉身菩萨于此树下开演上乘。”

六、普通八年，达摩初祖自天竺至此。

七、唐贞观年间，改“制止王园”为“乾明法性寺”。

八、高宗凤仪（此处为“仪凤”之误）元年，六祖慧能与僧论风幡，剃发菩提树下，遂开东山法门。其后，建风幡堂、大鉴殿、内鉴阁。

九、神龙元年，西域般剌密谛三藏于此译《楞严经》，宰相房融笔授。

宋经略使蒋之奇建轩曰“笔授”。

十、会昌五年，改“乾明法性”作“西云道宫”。

十一、宝历年间，建大悲幢。

十二、五代南汉铸铁塔二座于寺之东、西。

十三、以后，寺改为宫观。

十四、高宗诏改“报恩广孝禅寺”，后易“广”字为“光”字，“苛林”为“诃林”。

十五、元延祐年间，建斋僧大镬。

十六、明洪武十五年，始设僧纲司，颁发印信，置官正副二员。

十七、正统十年，御赐《大藏经》十二函。

成化十八年，敕赐“光孝禅寺”匾额。

十八、弘治七年，僧定俊鼎建四廊。万历十九年，修建敕经楼。欧虞部大任辈于西铁塔旁开“诃林诗社”。

三十一年，修复六祖戒坛。

十九、天启六年，募缘赎地一十四所，创建禅堂三座、房庑十间，并赎回伽蓝堂、五祖堂地，修复其古迹，于此存睡佛阁（唐神龙年间建）、瘗发塔（唐仪凤年间建）。

二十、崇祯九年，卢给谏兆龙重修，增以石栏杆绕之。十四年，李象蒙建亭于殿左。

二十一、国朝顺治六年，天然禅师（名函昰）开法于此，重修睡佛阁、风幡堂、敕经楼、方丈笔授轩。

二十二、十一年，因兵燹颓废。东莞人蔡元正请平、靖两藩（为平南王和靖南王）重建，僧今释（字澹归）碑记，田塘税三十五顷零。（《光孝寺志》）

如上文所知，《寺志》在记录唐代以前的事情时，将佛教史上发生于南海的重要事实全都集中到光孝寺上。其中，我们需要注意以下几点：

第一条提到了尉佗玄孙建德。根据明代憨山大师《广州光孝寺重修六祖殿记》中“赵佗为南海尉，选‘诃林’以为园”而知，憨山大师应该最先讲到此事。以后，赵佗之事被放在了其玄孙建德身上。《志》中所说的尉佗应该是赵佗或尉赵佗之误。另外，《志》还将“苛林”归属于三国虞翻了。

第二条提到了三国虞翻和“制止”等内容。虞翻和“制止”之间的关系出现于何处，这一点尚未查明。“制止寺”或应写为“制旨寺”。陈代真谛三藏接受刺史欧阳頠的请求译出了新经文，他在译经时住的地方称为制旨寺。《志》提到了唐代般剌密谛三藏在制旨寺译经一事，而没有言及真谛三藏。

第三条提到了罽宾三藏。罽宾三藏也出现在明代憨山大师撰写的《重修六祖殿记》之中。该文写道：“及东晋隆安中，罽宾国沙门昙摩耶舍尊者，从西域来，爱其地胜，遂乞以建梵刹，名‘王园寺’。”罽宾三藏可能是首次出现于这里的。《志》中的“王苑朝延寺”作为寺名不妥。王苑是修饰性词汇，即使去掉它，剩下“朝延寺”的名称也有问题。

第四条提到了求那跋陀罗。求那跋陀罗在《宋高僧传》的慧能之条目下写为“求那跋摩”，而在《景德传灯》中则写成“求那跋陀”。求那跋摩是传布过众多大乘戒的三藏，而且是在广州登陆的。因此，将他视为戒坛的创始者再合适不过了。另外，求那跋陀罗是传布《楞伽经》的三藏，也是在广州登陆的。因此，从禅宗的关系上说，认定求那跋陀罗是合适的。明朝憨山大师在这一点上写道：“晋永和初，求那跋陀三藏，持《楞伽经》，自西域来，就其寺建戒坛，以待圣人。”不过，憨山所说的“晋永和”有误，应为“宋永初”。

第五条提到了智药三藏。该名字在《宋高僧传》和《景德录》中写为“梁末真谛三藏”。“天监元年智药三藏”的记录最先出现于《六祖坛经》的附录中，即由门人法海等集录的《六祖大师缘起外纪》。五代大宝元年（958）和大宝七年立的云门山两碑曾言及智药三藏。

第七条提到“制止王园”改名为“乾明法性寺”一事。明代憨山大师在《重修六祖殿记》中写道“唐贞观中，改王园为法性寺”，但文中没有记载制止寺改名为乾明寺一事，也没有言及唐代般剌密谛三藏在制旨寺翻译《楞严经》一事。

憨山大师撰写的寺史以及将憨山大师的寺史当作范本的《光孝寺志》的内容，以后成为一般的说法。《通志》《府志》等全部都以它们的说法为准。清代的博学为霖道霈所著的《光孝寺重修大雄宝殿记》（根据《餐香录》卷下的引文）在寺的位置、风物、草创、沿革方面对上述的两个寺史记录进行了补充，另外还写了许多不同于上述寺史的内容。《光孝寺重修大雄宝殿记》记载道：“光孝在郡治之南，距城二里许，隔岸尘嚣，虹桥锁断，背狮峰而面双水，极称形胜；且寺基弘敞，曲径重门，修廊广殿，金容晃耀，祇树菁葱。……按旧志，寺创建于六朝，唐额‘隆兴’，宋为‘景德天宁万寿’。至绍兴，改赐今额。元末兵燹寺弛。至洪武二年，僧原耸及徒惠开文佳者鼎修之，太师文敏杨公荣、状元丁公显各有碑记。而复毁于嘉靖辛酉（四十年）岛夷之变。是冬，僧一正等先构小殿五楹。至万历丙子（四年），中丞庞公尚鹏，欲蠲寺税；而瓯令曾公士彦，力赞之，始得以所蠲并募缘，重树大殿，极为钜丽。迄今已九十载矣。况经鼎革，戎马蹂躏，虽佛像如生，而毁瓦腐椽，岌然有栋桡之惧。康熙壬寅（元年），建安邑侯山阴周公霞城，以公余之暇，往游其间，智种顿发，恍若夙契。乃特捐俸为倡，命寺僧悟关、洪纬等，募缘修葺。是役也，始工于壬寅夏六月，告竣于明年十月，共费白金千两有奇。壮实牢固，有若鼎造。又，明年甲辰（三年），余自石鼓来宝善。悟关、洪纬辈来请记。余乐观其功德之有成，故不辞而为之言。”云云。

比较《光孝寺志》和《光孝寺重修大雄宝殿记》，关于寺名，前者认为，唐代贞观年间为乾明、法性二寺；宋高宗时，改名为“报恩广孝禅寺”。而后者认为，唐代称为“隆兴”，宋代称为“景德天宁万寿”，绍兴年间改为现名。应采纳哪一种说法呢？为霖是按照旧志记载的，因此，似乎不能否定为霖的说法。而明代憨山认为，古法性寺就是光孝寺。《广东通志》记载道：咸淳五年重修，寺又名法性寺。这样看来，似乎为霖的说法无法认同。现在我们只能说，有关寺名存在着不同的说法。另外，关于戒坛，《宋高僧传》认为，宋代的求那跋摩是创建人，而菩提树是梁末真谛三藏亲手种植于坛前的。《志》认为，求那跋陀罗是创建人，而菩提树是智药三藏带来的。这里又出现了不同。求那跋摩始创戒坛以及真谛携菩提树而来之事，应该属于古传。

还有，关于现在的建置也有出入。《志》记载道：顺治十一年，光孝寺遭受兵燹，后重建。但也有记载道：清顺治七年遭受兵燹，顺治十一年重建。而为霖著的《光孝寺重修大雄宝殿记》记载道：嘉靖四十年烧毁，万历四年树大殿，康熙元年重修。或许是顺治七年遭遇兵火，顺治十一年重建，康熙元年重修。这里出现了几种说法。其后，至道光十三年，寺院又得到了重修。此事在大殿前的碑上有明确记载。

光孝寺的由来就是这样，既古老又悠久。然而，该寺现在正陷于中国南部革命排斥宗教的旋涡之中。笔者到访该寺的时候，寺内无人守护，寺的中心成了法官学校，其旁边成了警官学校，而风幡堂则成了市立第二十七小学的雨天操场。一千几百年的名刹也只能让拜访者徒洒怀旧的泪水了。

《广州通志》记载道：寺中有六祖殿、菩提坛、发塔、达摩井、五祖殿、风幡堂、伪汉铁塔、译经台。其中，六祖殿、发塔、铁塔现在还有，风幡堂只剩下其额，而菩提坛、达摩井、译经台历经变迁，已经难以寻找到遗址了。

光孝寺的现状（1928年12月21日）

进入外门，走过天王殿后，可以看到左右两旁有双层的钟楼和鼓楼。鼓楼的前方有唐代大悲幢。再往里进，上三级石阶，过中门，便来到了大雄殿的前面，大雄殿由砖墙围着。大殿的前庭，左右两边各有一座七层石塔。大殿的左侧，稍靠后方有伽蓝殿。伽蓝殿的后面是六祖殿拜亭，再后面是六祖殿。拜亭的右侧，稍微靠前的地方有菩提树、六祖像碑、发塔和诃林树。自天王殿起左右两侧有一条回廊，将这些建筑物包围着。大殿的左方回廊的中断处，有一条通道。走出这条通道，可以看见回廊外至少有三座建筑物，还有睡佛阁。大殿右方的回廊有一半被毁，建起了警官学校的几间教室。大殿的外面有西铁塔阁。此外，还有一个东铁塔。东铁塔不在光孝寺内，必须出寺门，步入街市，进第二十七小学，才可以见到。小学内，除了有东铁塔外，还有风幡堂，现在已被作为雨天操场使用了。毫无疑问，光孝寺在鼎盛时期肯定包括了这个风幡堂，寺域广阔。一般说来，按照中国巨刹的配置，大雄殿后方有法堂，而法堂后方有藏经楼或毗卢阁。而且，菩提树附近右方应该有戒坛。这些建置，在《光孝寺志》中应该有记录。但笔者没有这本书，故只能根据类推来想像。其中最令人扼腕的是，戒坛这个对于了解六祖最具有重要意义的建筑物，现在已不存在了。

光孝禅寺伽蓝配置图

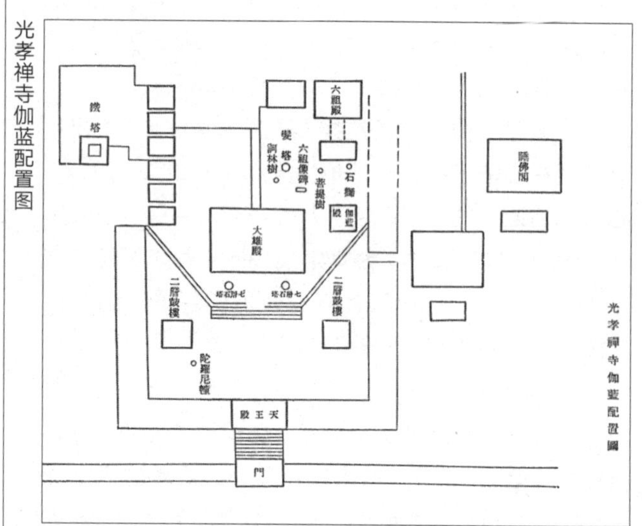

图1·光孝寺·天王殿

天王殿

现在被用作法官学校，殿内中央立着一面阴屏，上面画着青天白日章，还写着孙中山的遗戒“革命尚未成功，同志仍须努力”。八根柱子上都刻着或写着民国所提倡的主义方针的标语(图1)。

大雄殿

环绕大雄殿的砖墙正面中门上挂着一块榜，榜上写着“广东法官学校”。透过枝叶郁盛的大树，向重檐大雄殿望去，名刹巨刹的形象跃入眼帘，而殿前的双石塔更是增添了几分庄严（图2）。

图 2・光孝寺・中门与大雄殿

图3・光孝寺・大雄殿（1909年拍摄）

大雄殿结构雄大。屋顶是重檐歇山顶，屋脊中央立着一个宝瓶形状的东西。左右两侧有砖墙，而建筑物的大部分是木制结构。柱头的斗拱，翘向下方，双层突出。斗拱为出三跳平身科，有两层昂。大殿和前庭的双石塔都是清代顺治十一年重建的（图3、图4）。

图4-1·光孝寺·大雄殿细部

图 4-2 · 光孝寺 · 大雄殿细部

图 5-1光孝寺·大雄殿内三尊佛

图 5-2・光孝寺・大雄殿内十八罗汉中的二尊者

图 5-3・光孝寺・大雄殿内五祖像

殿内以三尊佛为中心，两侧安放着十八罗汉，右侧后方安放着以达摩为中心的五祖。三尊佛为释迦、弥陀、弥勒，是清代嘉庆五年重塑的。此外还有几尊像。其中还有值得一看的，但场地被作为法官学校的厨房使用，而且光线暗淡，很难看清楚（图 5）

菩提树

在六祖殿前，有三围粗。传说是梁末真谛三藏亲手种植的，或说这是梁初智药三藏亲手种植的。《五代史》记载道:大汉刘张之时，菩提树为大风所拔。《广州通志》记载道:清代嘉庆二年，菩提树被飓风吹倒，越年枯萎。寺僧到曹溪南华寺接一小枝归来，植于旧地。如果是这样的话，那么现在这棵树至少已经历三代了(图6)。

图 6・光孝寺・菩提树与六祖发塔

六祖瘗发塔

这是一座八角七层的砖塔。笔者于昭和三年(1928)往访时，六祖瘗发塔全部被涂抹上了白垩，各层的角柱、柱顶横穿板和斗拱都被涂上黑色，粗俗不堪，如图 7-2 所示。而伊东忠太教授于明治四十二年(1909)往访时，六祖瘗发塔虽然多少有些破损，但各层的屋顶、四重的托架以及斗拱等，都有一种天然的朴素美，如图 7-1 所示。据说六祖瘗发塔建于元代泰定四年(1327)，因此，它与六祖像碑或许是在同一时间由同样的人建成的。图 7-1 上有菩提树枝叶，图 7-2 右方立着诃林树。《光孝寺志》说，六祖瘗发塔建于唐仪凤元年。寺中保存的《重修六祖菩提碑记》也这样记载着。不过，据传仪凤元年是六祖剃发的时间，因此，这一年不可能有造塔一事。关于这点，可参照后面《菩提记碑》的条目。

图 7-2·光孝寺·六祖发塔(1928年拍摄)

图 7-1 · 光孝寺 · 六祖发塔（1909年拍摄）

图8-1·光孝寺·六祖殿

六祖殿

屋顶为歇山顶，斗拱是出三跳平身科，有两层昂。这是光孝寺独有的建筑。殿内被用作教室。殿前还有一殿。这应该是碑上所记载的六祖殿拜亭，属于六祖殿的一部分。里面存放着四碑，姑且称它为碑殿。四碑中有三碑立于清代。碑殿也被用作教室(图8)。

图 8-2・光孝寺・碑殿

碑殿前面有石狮。据说，明代曾修复过六祖戒坛，赎回伽蓝殿和五祖堂之地，修复其古迹。石狮可能是当时建的（图 16-1）。

图 16-1・光孝寺・碑殿前石狮

图9-1・光孝寺・菩提树、六祖发塔与六祖像碑

六祖像碑

在大殿的背后，菩提树、发塔和诃林树之间，有一块碑刻着六祖像。碑的背面刻着菩提达摩。笔者不清楚一共有多少人参与绘像。碑石上所加的赞为元代至元甲午（三十一年，1294）宗宝所写，且两者皆为泰定甲子（元年，1324）风幡堂比丘慈信所立。六祖像立于七月二十八日，达摩像立于十月初五。赞及跋文如下所示（图9、图11-2和图12）。

图9-2・光孝寺・六祖像碑

菩提达摩像并赞

廓然无圣万机截断。六合云收一轮月满。照彻龙楼人未醒。硫光少室空怀恨。山翁与么嚽叹也。只道得一半。且如何是那一半。流辉千古印澄潭。具眼之流当自看。

至元甲午，住山宗宝赞

泰定甲子十月初五日，住风幡嗣祖慈信拜立

图 11-2·光孝寺·菩提达摩像拓本

图 12 · 光孝寺 · 六祖像碑拓本

祖师在法性寺古像并赞

卢溪月冷庾岭月明。风幡非动讦露心晴。人间天上觅不得。还照曹溪清更清。山翁与么赞叹也。只道得一半。且如何是那一半。光含万象彻今古。慧日高悬天外升。

至元甲午，住山法孙比丘宗宝拜赞

泰定甲子七月二十八日，住风幡嗣祖比丘慈信拜立

图 13-1 · 光孝寺 · 伽蓝殿

伽蓝殿

屋顶为歇山顶，斗拱是出三跳平身科，有两层昂，结构与大殿如出一辙。应该与大雄殿一样，重建于顺治十一年（图 13-1）。

图 13-2 · 光孝寺 · 鼓楼

鼓楼

为两层楼。屋顶为歇山顶，斗拱是出三跳平身科，有两层昂。这些都是光孝寺建筑的特色。鼓楼应该也是重建于顺治十一年（图 13-2）。

睡佛

藏于睡佛阁内。睡佛是等身涅槃像，用干漆制成。《光孝寺志》记载道:睡佛阁于唐神龙年间所建。如果是这样的话，则睡佛应该是造于唐初，以后才被镀上金的，失去了其原色。不过，睡佛和蔼的面容与闲雅的衣纹相互衬托，很好地表现出释尊圆寂时的神态。释尊的慈容富有吸引力，常常招来络绎不绝的参拜者，满堂香烟缭绕（图14-1）。前面的桌上有藏于龛中的释尊像的倚像，倚像体现出唐代制作的风格。其前面有小西藏佛。《广东名胜史迹》记载道:阁中藏有明正统年间颁赐的大藏经，故又称敕经楼。睡佛阁和敕经楼本来是不同的。清顺治六年，天然禅师重修睡佛阁及敕经楼之事被记载进《寺史》中。因此，顺治六年之前，两者不在一起是显而易见的。现在的伽蓝在顺治七年时罹患兵火，十一年重建。藏经应该是在重建时被藏于睡佛阁之中的。

（附录）光孝寺宋咸平钟——《广东通志》卷二〇五《金石略》中记载光孝寺有宋钟，并写出其款识。笔者对照《金石续篇》卷十三所记载的内容，将它补正如下。

弟子韩季迁、同慈母李氏二十一娘□□娘婆□婆珠等，敬铸造鸣钟壹口，重铜叁百斤，奉为亡室周氏八娘，追荐去识亲界，以设赍庆赞讫。舍沙门义明，永充供养。谨题。

临坛比丘义明，舍铜钟一口，重三百斤，于广州法性寺大佛殿内悬挂，永充常住二时声击。时大宋咸平四年岁次辛丑九月一日己巳朔七日乙亥，殿主表白。传律临坛宋志大师（译者注:《广东通志》卷二〇五:宗志大师）普亮记。

《通志》的编者认为:“（此）款，一行书，一正书，笔意可观。《曝书亭集》与景龙观钟（译者注:《广东通志》卷二〇五中为景云观钟）并称。所谓法性寺钟铭者即此是也。”另外还写道:“《旧志》云:法性寺，宋太祖改名乾明禅院。据此钟刻于真宗咸平，犹以法性称，则《旧志》云云，传闻之误耳。当以钟刻为正。”《通志》特别注明“存”，可见该钟现在还保存着。款识写有“大佛殿”的文字，可见该钟应该是放在睡佛阁内。

图 14-1・光孝寺・睡佛

风幡堂

六祖慧能在尚未剃发、被称为卢行者的时候，辞黄梅五祖之下，来到此地。当时，印宗法师《涅槃经》讲席底下的僧众见风幡招动，便议论到底是风动还是幡动。慧能说："非风动，非幡动，心动也。"一言惊动了众僧，也惊动了印宗法师。这个故事发生的地点就是现在的市立第二十七小学的雨天操场。现在这里只剩下风幡堂之额(图14-2)。另，敦煌出土的《坛经》中没有出现风幡的逸事。

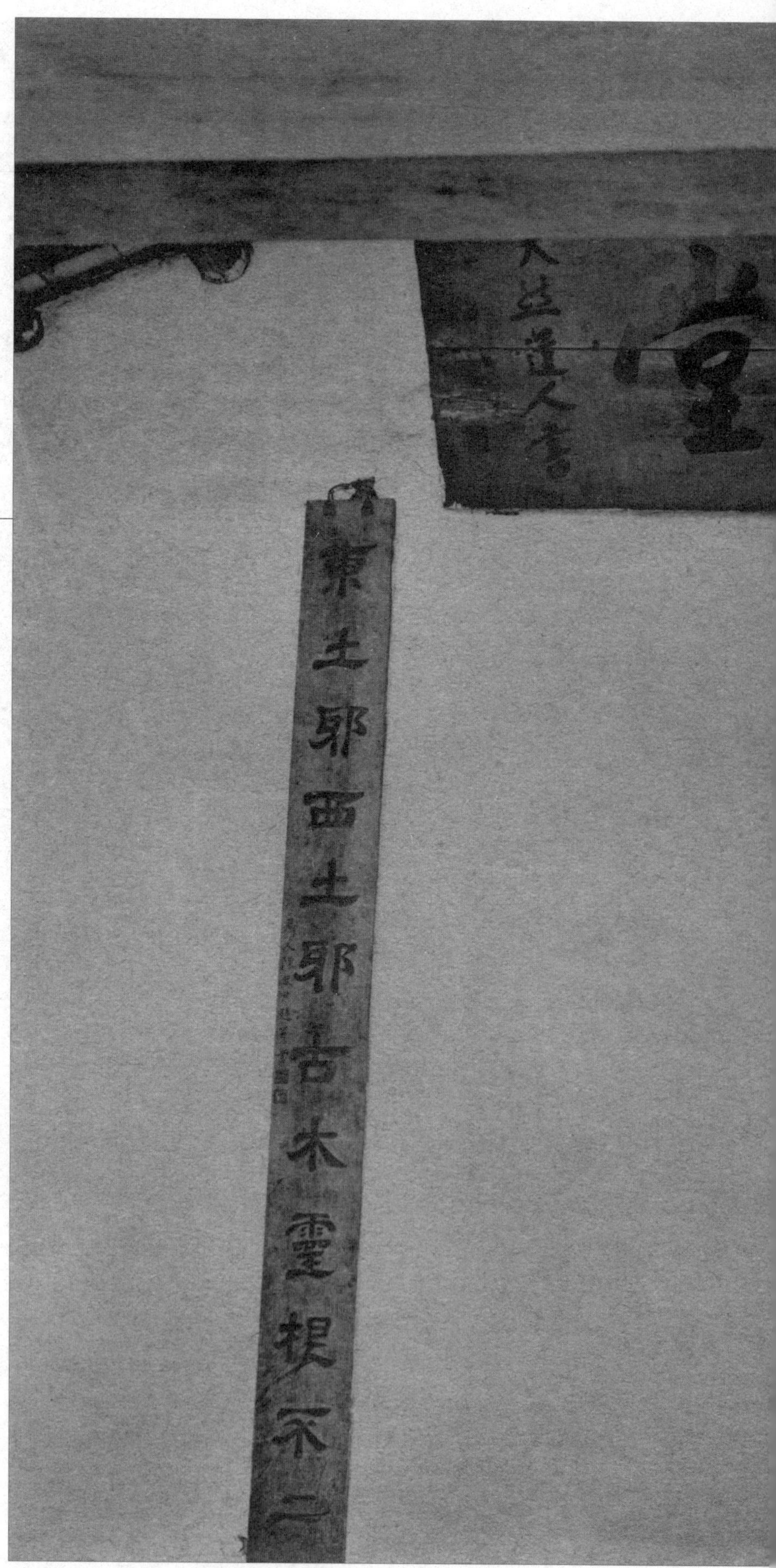

图 14-2・光孝寺・风幡堂

大悲幢

在门内右侧。大悲幢是唐代宝历二年（826）造的陀罗尼幢，幢身八面，顶上有一个很大的八角形幢盖。它的样式不同于一般常见的经幢，上面刻的陀罗尼是大悲心，也与一般的尊胜有异。根据幢上的铭文，我们可以知道这是医博士何宥则为亡兄宥卿造的。《金石萃编》卷六十六将它列为铁塔寺幢，文中注明“在广州府光孝寺”。不过，该书的作者王昶没有说明为什么将它称为铁塔寺幢。幢文如下：

千手千眼观世音菩萨广大圆满无碍大悲心陀罗尼神纱（妙?）章句

宝历二年岁次景午十二月一日，法性寺住持大德兼蒲涧寺大德僧钦造书。钦造闽川人。

同经略副使将仕郎前守辰州都督府医博士卢江郡何宥则，敬为亡兄节度随军文林郎守康州司马宥卿造此大悲陀罗尼塔。

《金石萃编》缺“将仕郎”的“仕”及“博士”的“士”二字，依据《粤东金石略》将它们补上。又，据《金石略》“丙午作景午”。

医博士成为造幢的人，这是绝无仅有之事。据说在唐代官制中，充当诸道警备的都督府中设置都督一人、医学博士一人。幢文者钦造是法性寺住持大德，他书写的经幢应当放在当时的法性寺（即现在的光孝寺）之内，后面有钦造为闽川人的说明，这种写法应该也是罕见的。王昶将光孝寺里的这个大悲幢命名为铁塔寺幢，理由到底是什么，笔者不清楚。或许这不是由于幢的铭文的缘故，而是根据寺僧的传言。铁塔寺中的铁塔，可能是光孝寺内的东西两铁塔，而大悲幢原来可能是立于铁塔附近的。就笔者所知，在广东和福建两省，算得上是唐代遗存的，只有广州的这个大悲幢和福州贞元净光塔铭碑及般若台铭。如果是这样的话，则此幢就是中国南部唐代遗存中的代表（图15）。如果将它与五台山大佛光寺大中十一年（857）及乾符四年（877）两陀罗尼幢相比较的话，我们可以发现其样式的独特之处。五台山的两陀罗尼幢已登载于第一卷中。

图15-1 光孝寺·陀罗尼幢

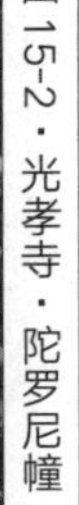

图 15-2・光孝寺・陀罗尼幢

碑石

在光孝寺内现存的诸碑中，笔者注意到了以下的八块碑石。寺内大体就只有这些碑石。

（1）重修六祖菩提碑记（明万历壬子(?)）

（2）大鉴禅师殿记（宋咸淳五年，1269）

（3）重修光孝禅寺大藏经序

明嘉靖丙辰（三十五年，1556），广州僧纲司都定晓，及住持徒孙行新。

（4）重修西塔殿题名碑记

文中写道："宋宝历间，住持了闻始建殿以覆之。迨明万历时、僧緼公……修筑……今亦修嗣祖沙门界宽致和拜题。"

（5）重修六祖殿拜亭题名记

明崇祯九年（1636）丙子，住持僧行佩立石。

（6）重修六祖殿拜亭碑记

清康熙四十一年（1702），曹溪三十三代孙大汕拜题。

（7）重修光孝寺佛像题名记

清嘉庆五年庚申（1800），翰林欧阳建撰文。

（8）光孝寺重修碑记（清道光十三年，1833）

其中第三、第七、第八块碑位于大雄殿前。

在这八块碑中，直接与六祖慧能有关的是第一和第二块碑。下面将对这两块碑作一个介绍。

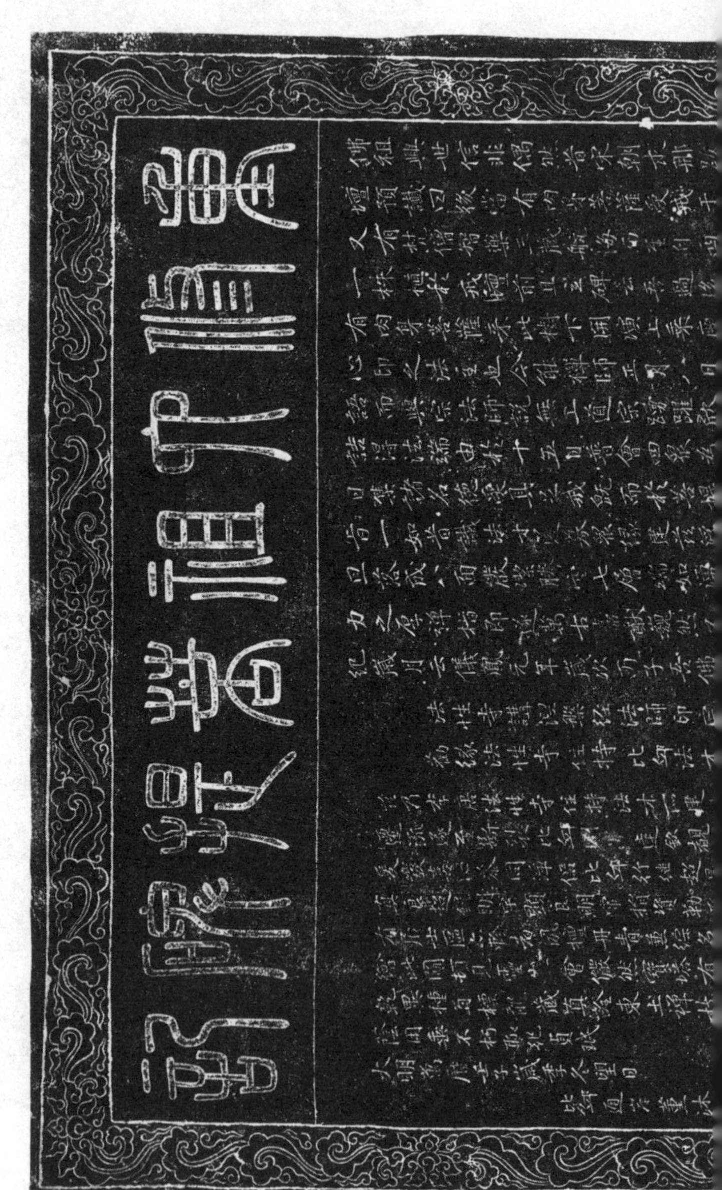

重修六祖菩提碑记（图10）

《重修六祖菩提碑记》和《大鉴禅师殿记》一起被保存于碑殿内。碑记的上部是有关六祖发塔的内容，即所谓的《瘗发塔记》。《碑记》上写道:唐仪凤元年(676)，法性寺讲涅槃经法师印宗与劝缘法性寺住持比丘法才同立。这是将发塔初建之年视为仪凤元年，将立碑者视为法才。对于和六祖生活于同一时代的法才创建发塔一事，应该有不同说法。《碑记》谈到了六祖的单传宗旨，但六祖成为大禅师的时间应该是仪凤元年以后再过二十年。在图10中央，菩提树后方的殿可能是求那跋陀罗所建的戒坛，其后方的浮图显然是八面七层的六祖发塔。此图出自于明代居士区亦轸之笔。此事根据明万历壬子(四十年,1612)添加的比丘通岸之文可知。

图10·光孝寺·重修六祖菩提碑记拓本

六祖大鉴禅师殿记（图11-1）

《六祖大鉴禅师殿记》的碑石也放在碑殿内。《殿记》写着：光孝寺菩提树是师落发处，风幡堂是师说法处，遗迹如在，故释子因为祖师殿，以妥厥灵，岁久，遂成荒趾。当时住持僧祖中深感遗憾，于是重新起造，既成而请陈宗礼作记。因此，陈氏就此撰文，题由冷应澂

负责，书由王应麟承担。时值宋咸淳五年（1269）。此记收入《广东通志》卷二一三和《金石续编》卷第十九等。陈宗礼和冷应澂的事迹在《宋史》本传中皆有记载。但王应麟的结衔与《宋史》所记载的王应麟传不同。钱大昕根据这一点认为，知南海县的王应麟是晋江人，而非撰写《玉海》的伯厚。

图 11-1 · 光孝寺 · 六祖大鉴禅师殿记拓本

铁塔

光孝寺的东西方各有一座铁塔。东西两塔都是四面七层，高度大致相等，都有千佛塔之称，一般认为它们是成对建造的。但西铁塔由龚澄枢一人独自建造，称文为铭，本来在寺的西院。而东铁塔由大汉皇帝敕有司建造，即所谓的奉敕所造，晓真大师、宝法大师等监造，称文为记，原本在寺的东院。由此可知，两塔的性质不同。

虽然两塔的愿主和铸造年月不同，但都是在南汉末代王刘鋹的大宝年间建造的，是南汉文化的体现。西塔稍微完整，而东塔遭受的破坏较多。两塔规制几乎相同，知道其中的一塔则可以推知另一塔。图 17、图 18 和图 19 为西塔。对于西塔的介绍可以同样适用于东塔。

塔自石趺以上，高丈有九尺六寸。石趺四重，刻狮兽。铁趺四重:一作瓦檐形，二作龙戏五珠，缩其地，廉外为四人首，戴第三重，如赑屃状;三重亦刻花纹;四重周作莲花，四面各阔四尺六寸，为瓣九，中一瓣刻文于上。自莲花瓣以上凡七层，以次而狭，皆铸佛像。最上阔不过二尺，又上为莲花顶。每层大佛一，众小佛环之。每面七层，计二百五十佛。四之，则千佛矣。下二层佛旁有字，梯而视之，第一层东曰释迦佛，西曰弥勒佛，南曰弥陀佛，北曰药师佛;第二层东为卢遮那佛，南为卢舍那佛，西为牟尼佛，北为毗舍浮佛。其他佛名皆刻在佛的左侧，而唯独此佛刻于佛的右侧。塔顶似乎有字，但势甚危，不可梯也。益都李文藻素伯于乾隆甲午(三十九年)之岁游此地，见铁绣中隐现有字，便募人锥出榻之。素伯又为文记塔形制，其文写得颇为详细。《广东通志》卷二百十四(译者注:应为《广东通志》卷二〇四)根据钱大昕《潜研堂金石文跋尾》刊载了该文，但写道:“塔顶为莲花形，无字，李文藻之言臆说也。”塔顶无字，这个说法应该是对的。

图 17-2 · 光孝寺 · 西铁塔

图 17-1 · 光孝寺 · 西铁塔阁

图18·光孝寺·西铁塔细部

图 19 · 光孝寺 · 西铁塔细部

一、西铁塔铭（图16-2）

根据《广东通志》卷二〇四及《金石萃编》，西铁塔东南北西各面有如下铭文：

玉清宫使德陵使龙德宫使开府仪同三司行内侍监上柱国龚澄枢，同女弟子邓氏三十二娘，以大宝六年岁次癸亥五月壬子朔十七日戊辰铸造，永充供养。（西面）

入缘弟子内给事都监韶州梁延鄂。（南面）

而东面铸卢迦郍佛（上）和释迦佛（下），南面铸庐舍郍佛（上）和弥陀佛（下），北面铸毗□□佛（上）和药师佛（下），西面铸□□佛（上）和弥勒佛（下）。云云。各层有一尊佛稍大，旁边众多小佛围着。每面七层，共计二百五十佛。塔有四面，故佛的数量有一千。这就是千佛塔名称的来由。卢迦郍佛、释迦佛等的铭，写在下二层稍大的佛的旁边。根据该铭，可知此塔是龚澄枢造于南汉大宝六年（宋太祖建隆四年，963）。龚澄枢和梁延鄂之名，出现于云门山的碑文中。东面上层的卢迦郍佛，当然就是卢遮郍佛了。北面上层为毗舍浮佛，西面上层为牟尼佛，这些可以从上述的文中得知。

二、东铁塔记

大汉皇帝以大宝十年丁卯岁，敕有司，用乌金铸造千佛宝塔壹所。七层并相□莲花，座高二丈二尺。保龙□有庆，祈凤历无疆。万方咸使于清平，八表永承于交泰。然后善资三有，福被四恩。以四月乾德节，设斋庆赞。谨记。（南面西隅）

内殿大僧录教中大法师金紫光禄大夫捡校工部尚书晓真大师法门臣道□（北面西隅）

教中大法师内供奉讲经首座金紫光禄大夫捡校工部尚书宝法大师沙门臣□□（北面东隅）

教中大法师内诸寺院□论首座金紫□□大夫捡校工部尚书乐法大师沙门臣□□（南面东隅）

教中大法师□□□□□金紫光禄大夫捡校工部尚书□□□□沙门臣□□（东面南隅）

根据《东铁塔记》，东铁塔乃大汉皇帝刘𬬮造于大宝十年（967），当称为千佛宝塔。塔又涂上一层黄金，故世人称为金塔。

《广东通志》和《金石萃编》都缺了很多字。“大宝十年丁卯”的“卯”字、“四月乾德节”的“月”字，可以根据《十国春秋》的引文补齐。又，对照两书，对照各面之铭，可以将“万方咸使”的“使”字、北面西隅的“光禄大夫”、北面东隅的“金紫光禄大夫”、南面东隅的“诸寺院”、东面南隅的“金紫光禄大夫捡校工部尚书”各字，或补齐或校正。

补充说明，大汉皇帝刘𬬮为南汉王家末代之王。南汉王的系谱如下所示。王名之后为南汉所用的年号。

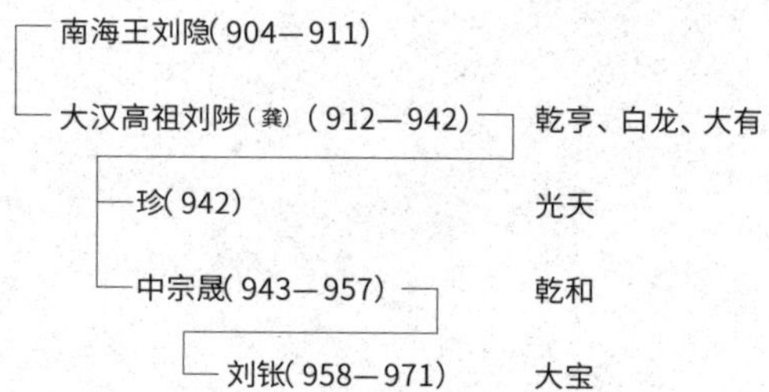

南汉佛教在高祖刘陟的外护下大为勃兴。至刘𬬮之时，南汉文化达到高潮。《十国春秋》卷六十南汉本纪记载道：“大宝十年，敕造千佛宝塔于兴王府。”这个记载也说明了该铁塔是当时文化的体现，具有研究价值。龚澄枢铸造西塔的时间早于皇帝造的东塔，他与李托于大宝七年建造了云门山碑，两人都作为有权势的人物被收入《十国春秋》的传记中。早在龚澄枢建西塔之前，吴越之地就已经有王审知敕建的两大塔，随后又有王曦敕建的石塔。石塔建于永隆三年（941），故龚澄枢于大宝六年（964）建的西塔是晚了二十三年［译者注：原文对“大宝六年”的标注不统一，其他地方将“大宝六年”标注为963年，且前文有“此塔是龚澄枢造于南汉大宝六年（宋太祖建隆四年，963）”的说明］。彼为筑造，此为铸造；彼为石木，而此为铁。我们由此可以看出技术上的进步。另，以后出现的南华寺降龙塔几乎完全模仿这座铁塔而建。

图 16-2 · 光孝寺 · 西铁塔铭拓本

光孝寺戒坛

光孝寺戒坛是六祖慧能受具的遗址，从佛教史上看，特别让人感兴趣。但可惜的是，经历沧桑的变迁，它现在已完全变成一处废墟。明代憨山大师撰写的《广东光孝禅寺重兴六祖戒坛碑铭并序》被收入了《梦游全集》卷二十六。该文记述了戒坛的缘起以及憨山一度重兴之事。文中写道：

佛法入中国，教自白马西来，从陆而至雒阳；禅泛重溟，由水而至五羊。岂以性海一脉，潜流于大地耶？自晋耶舍尊者，乘番舶抵仙城，建梵刹，种诃子成林，故号诃林。宋求那跋陀，携《楞伽》四卷至，止诃林，立戒坛于林中，谶曰：后有肉身大士，于此授戒。梁普通间（下文为天监初），梵师智药三藏，携菩提树，植于坛侧，记曰：百七十年，有大智人于此出家。及我六祖大师出，传黄梅衣钵，剃发菩提树下，实应其谶。遂从智光律师，登跋陀坛，受满分戒，乃归曹溪。禅宗实自此发源也。戒为成佛之本，大师开化于曹溪，则以戒坛为根本。弟子往来于其中，故今寺僧，皆从衣钵中出。千百年来，香灯供奉如生。造化密移，世道不古。久之，僧不知有戒，人不知有坛，清静觉地，化为狐堀。岁月更历，几易其主矣。万历丙申（二十四年，1596，憨山五十一岁）春，予蒙恩，涉海外，开法于垒壁间树下。弟子通炯、超越数十辈，皆从授教，博士弟子，亦多归焉。越七年壬寅（三十年，憨山五十七岁），诸弟子相聚叹曰：戒坛乃吾祖师根本地，奈何湮没芜秽，忍坐视乎。炯逸募资鸠材，居士王安舜等相率而谋，赎坛基一隅，不期年而落成。予去五羊，越八年，逸老匡山，炯逸从游未离，犹然依栖树下时也。一日，二子作礼请曰：戒坛因缘，赖师始终之。师老矣。愿惠一言以记之。（以下从略）

这块碑石虽然现在已见不到了，但是，它被法性寺通炯和超越等人建于坛基之上一事，是确凿无疑的。正如文中所写，戒坛在明代就已经湮没于芜秽之中，当时只是赎下了坛基一角，保留了故址而已。文中“憨山大师开法于垒壁间树下”这个说法，让人感觉到戒坛仿佛就在现在的菩提树边。我们从文中可以看出，憨山大师重振的戒坛，就位于六祖殿附近的位置。文中的耶舍和跋陀的故事，也出现于憨山撰写的《重修六祖殿记》里。

清代济南王士正所著的《广州游览小志》（该文被收录进《学海类编》里）在介绍劈头、光孝寺时，依照常规的介绍方式，首先谈到其缘起，然后写道：“今祝圣殿，昙摩遗迹也。……稍北为六祖殿，前为菩提坛，侧为发塔。其东南达摩井，西为五祖殿。循廊而东，为风幡堂，堂前有池泓。然又东有伪汉铁塔。……又东为译经台、洗砚池、房融笔授首愣严处。西廊复有一塔，规制差小。”根据这些记载，我们可以推知，明代憨山大师重振戒坛的位置处于六祖殿、发塔和六祖像碑之间。当时有译经台，现在已难以找到。

六祖殿的创建时间，可以推定为唐代。会昌破佛之际，光孝寺被废，充为道宫，以后曾一度恢复。但到了五代，又废而成为客观。因此，它早已成为一处荒址。正如王应麟撰写的《大鉴禅师殿记》所记载，六祖殿于宋代重新建造。其后的明代重修一事，出现于憨山大师撰写的《广州光孝寺重修六祖殿记》（该文收录进《梦游全集》卷二十四）。憨山的《重修六祖殿记》记载了法性寺（即光孝寺）的缘由。这一点应该是沿袭了《光孝寺志》的。笔者摘取其中的要点，引述如下：

赵佗为南海尉，选诃林以为园。及东晋隆安中，罽宾沙门昙摩耶舍，从西域来，爱其地胜，遂乞以建梵刹，名王园寺。至晋永和初，求那跋陀三藏持《楞伽经》，自西国来，就其寺建戒坛，以待圣人。梁天监初，西天智药三藏，持菩提树一枝，植于坛侧，且志之曰：百六十年（其他文献写为“百七十年”）后，有肉身菩萨，于此开法，度人无量。有唐贞观中，改王园为法性寺。高宗龙朔初，我六祖大师，得黄梅衣钵。至仪凤初，因风幡之辩，脱颖而出，果披剃于树下，登坛受戒，推为人天师，以符玄谶。自尔法幢竖于曹溪，道化被于寰宇，至今称此为根本地。……昔人以菩提树下，为大师剃发之所，因建殿以奉法事。其来远矣，风雨薄蚀，亦因时兴废。今僧通维，率弟子行佩辈，募众而重新之。云云。

文中所说的梁代智药三藏，首次出现于《坛经》附录外纪中，在云门山大宝元年和七年的两碑中也有记载，但在其他书中没有出现过。求那跋陀可能是求那跋摩的讹传，这个讹传可能是源自于人们将戒坛与跋摩联系起来，然后又将《楞迦经》与跋陀联系起来，最后再把跋陀联系到戒坛上的。憨山更在这上面添加说：晋代昙摩耶舍的王园寺，在唐贞观中改为王园，称为法性。昙摩耶舍之传，可以在梁代的《高僧传》第一卷中查到。该书记载道：以晋隆安中，初达广州，住白沙寺，善诵毗婆娑，时年已八十五；至义熙中，来入长安，为姚兴所礼异。后南游江陵，止于辛寺，大弘禅法；味净之宾，至者三百余人。这里记述了耶舍的一生事迹，却没有谈到他在中国造寺一事，更遑论他会到广州后立即建刹。笔者不仅注意到光孝寺作为天下名刹的事实，而且也对有关该名刹的事迹被无限地添油加醋的现象感兴趣。《通志》《府志》《寺志》等记述的寺史，都是如此重复地传承着。

六榕寺

六榕寺位于广东市花塔街。据传，该寺在梁代大同三年（537）由武帝的母舅昙裕法师所建，赐号宝庄严。昙裕的事迹出现于唐代王勃的《广州宝庄严寺舍利塔碑》的文中。碑文收录于《王勃集》里，《广东通志》卷二百一对它进行了引述。该寺于唐高宗时重修，至南汉时称为长寿寺，宋端平年间改名为净慧寺。寺内有“六榕”。由于绍圣年间苏东坡书额并题六榕，以后该寺便称为六榕寺。寺内有大塔。塔和寺都建于梁代，当时称为舍利塔，宋代重建时称为千佛塔，现在通称为花塔。

至明洪武六年，六榕寺一半受毁。永丰立仓，仅存塔及观音殿。八年，僧坚愈于塔的东侧重建佛殿，启门东向，仍称六榕寺。二十八年，并入西禅寺；永乐九年，复为本寺。

六榕寺的现状（1928年12月21日）

大门两侧悬挂着苏轼书写的“六榕”之额（图20-1）。寺内以觉皇殿（图20-2）、大塔和六祖像殿为中心，还有碑亭、补榕亭、东坡亭，但没有大殿。据说六榕寺本来是一处静室。住持铁禅和尚是广州有势力的僧人，他让寺门成为中华佛教总会广东支部的总部，对外开放寺境，任凭一般人入寺清游。寺内藏着铜造立佛、坐佛、六祖像等。下面主要介绍其中的两个。

图 20-1・六榕寺・门

图 20-2・六榕寺・觉皇殿

图21・六榕寺・立铜佛

立铜佛像（图21）

左右手朝外，上下张开，为施无畏印，与愿印以表说法。佛像和颜爱语的相貌，与佛陀的观念相配。这是初唐之前的灵像佳作，也是寺内诸尊佛像中的上等佛像。佛像高有二尺许，可能出自巨匠之手。

六祖慧能铜像（图22）

据说该铜像是宋端拱年间（988—989）的作品。倚曲禄结跏，双手重叠安放于股上，姿态端然，眼半睁，为入定相。法衣袈裟不甚绚烂，双颊清瘦，其颜貌与光孝寺刻石的颜貌完全一致。大概是塑造出了六祖的真实面貌。

据森氏的《广东名胜史迹》可知有关这尊六祖铜像的如下事实:元祐年间因避火灾，铜像被移到了西禅寺。明代崇祯末，有人觊觎西禅寺的丰富财产，设法欺骗学道魏校，企图以扶持圣教为名，攫取寺产毁坏铜像。此事引起诉讼，经年未决。以后，改朝换代，进入了清朝。康熙年间，平南王推崇佛典，藉以厘祝皇国，遍修羊城古刹。到了西禅寺修造完毕时，六榕寺住持慈忍等人带着六榕历代的田产僧业等，移到西禅寺。僧众请求平南王给予印照，以期日后为证。光绪中叶，有土匪隐身于寺内，牵连到了西禅。巡抚游智开封锁了寺院，将佛像交给造币局，用于铸钱。众人闻知，甚感遗憾，便筹金换像。至民国元年，住持铁禅和尚建立佛教总会。二年，教育司发令禁止人民迷信，或毁掉各街庙祠的一切土木造像，或移于司署，唯独寺佛幸免于难。这是因为佛教总会呈请大总统，才得到保护。民国七年，铁禅和尚凭借平南王的印照为证据，请求官府，将祖像从西禅寺（现为警察署）迎归六榕寺。云云。据说，铜像重有千斤左右。在风云多变的广州，这个铜像能够保存到今日，应该说是万幸之事。从这件事情的背后，我们可以看到一种深厚的信念在涌动。这让人感到十分欣慰。

图 22・六榕寺・六祖铜像

花塔（图23、图24）

根据唐代王勃的舍利塔碑文，花塔由昙裕立于梁代大同三年（537），唐代重修。至五代南汉，南汉王刘氏的宗女出家为尼，居住此寺，于上元中秋，登塔悬挂花灯，以兆丰稔，号称赛月灯。其后，花灯失火，塔化为乌有。宋元祐五年（1090），郡人林修，建千佛塔于故址，就是现在的塔，粤人称之为花塔。刚创建时该塔是舍利塔，重建时成了千佛塔，有花塔的通称。

《广东通志》卷二百零一引用了唐代《王勃集》里的《广州宝庄严寺舍利塔碑》记。这块碑现在已没有了。但宋代宝祐甲寅（二年，1254）住持智超立、明代宏治重刻的重修广州净慧寺塔记碑保存在碑亭里。我们将两个碑文放在一起看，可以了解塔的历史以及命名不同的理由。

王勃在碑记中写道："夫宝庄严寺舍利塔者，梁大同三年，内道场沙门昙裕法师之所立也。"文中还写道：昙裕隐身于金陵附近的栖霞寺时，承梁武帝之纶綍，南去，往返九十旬，涉风潮八千里，以大同三年，届于兹邑，愿居此刹，有诏许焉，乃建塔于此。接着又写道："法师聿提神足，愿启规模，爰于殿前，更须弥之塔。因缘盛力，人以子来。"王勃的碑文对于该塔的庄严这样形容："其粉画之妙，丹青之要。"又说："仙楹架雨，若披云翳之宫，彩槛临风，似遏扶摇之路。"还说："瑶窗绣户，洞达交辉，方井圆泉，参差倒景，雕镌备勒，飞禽走兽之奇，藻绘争开，复地重天之变。"这样的叙述让人觉得全部建筑都是木造的。关于石筑之处，文中只记载了蹬道："悬梁九息，良马踆走而未穷，叠蹬三休，的卢骋犍而知倦。"蹬道为石筑，这是理所当然之事。这恰好与"悬梁"一词构成对偶词语。以上是有关梁代创建部分的摘要。随后，文笔转向唐初："爰自梁末，以迄皇初，城邑屡新，轩墀若旧。"这是强调重修不可或缺。文章指出，"大中大夫使持节、广韶等州都督李某"是檀那，并且称赞了他的人品。然后，对于佛法信念，王勃这样写道："学究儒林，真穷释部，知通人事，且味禅味。"而对于重修的因缘，王勃举出一个不可思议的瑞祥："是岁也，忽于此塔，重睹神光。玉林照灼，金山具足。""倾都共仰，溢郭周览。"接着，文章表达了重修的福愿，讲到"妙财爱舍，法施争流"的盛事，又提及"朝散大夫守长史某并志薰修，同希福慧"。后来在"天子之旧属，朝庭之夙将"的"明威将军行禺府折冲都尉李公"的赞助下，终于完成了重修的伟业。据说，当时的住持是上座宝轮等。

王勃的这篇文章，雄丽庄严，是一篇金玉铭文。里面的典故颇多，晦涩难懂。《通志》的撰者根据《王勃集》的《鞶鉴图铭序》中"上元二年岁次乙亥十有一月庚午朔七日丙子，予将之交阯，旅次南海"的句子，推定此文与《鞶鉴图铭序》是同一时间的作品。这个见解大概是稳妥的。碑文中出现的宝庄严寺就是现在的六榕寺，而文中所说的塔当时就称为舍利塔。文章叙述道："释迦妙相，如来真骨，虽八万四千之宝塔，散在群方，而九十二道之灵虹，终闻间出。立诚斯应，瞻庭庑而时逢，非德不邻，历山川而罕致。"据此可知，梁武帝要昙裕做的事是建塔，用于藏如来舍利。这应该是佛教史上需要关注的事情。

宋宝祐甲寅（二年，1254）立的《重修广州净慧寺塔记》由叔盎撰书。《塔记》首先写道：释迦文应迹迦维，于无生灭中示入涅槃，虑像末浇漓，人多憎慢，留舍利八斛四斗，为浮图八万四千，遍满娑婆，利乐有情，此塔庙之所由兴也。然后叙述道：以神道设教，以补皇化，像教之隆，度越前古。接着说：南海郡之风俗，事佛尤谨，仁祠之盛，列刹相望，然未有所谓窣堵波者。看其他记录，上述梁代建的舍利塔即花塔，五代南汉时，该塔因失火而烧失。因此，有宋代无舍利塔之叹。《塔记》接着写道：今上（哲宗）即位之元，郡人前凤翔宝鸡主簿林修，慨然倡导建立之，乃与同郡信士王衢和沙门道琮等人，始议塔于净慧寺；林君首出家资巨万，定其基，为四十五尺，掘地得古井，又于其中央得巨鼎，来观之者，咸谓至诚感通，信施者数百人，长老德超、宝严，皆愿协力辨事，乃垒甓以为八觚九层，高二百七十尺，龛藏贤劫千佛及旃檀五百应真像，下瘗佛牙舍利，殉以珍宝。绀宇翚飞，丹槛离立，缭以回廊，玮丽称是，轮奂之盛，为东南塔庙之冠。绍圣四年（1097）六月三日工事告休。云云。

碑文于宝祐甲寅（二年，1254）仲春朔日、建塔十世孙进士林德达百拜重刊、前净慧禅寺住持僧智超所立。文中附加了都梁李的谨识。碑文写道：净慧寺倾遭火灾，塔岿然不动，而旧碑已毁。智超向林修十世孙德达求其旧刻，因此再刻碑文。

这是现在的塔的创建纪事。塔下瘗舍利，塔中龛藏贤劫千佛。千佛塔的名称就是来自于此。《广东通志》卷二百零九，记载了碑文，并且说现存的碑石是明代弘治年间重刻，还引用了旧志说：林修为南海人，元祐之初被授予宝鸡主簿。

图 23・六榕寺・千佛塔

图 24・六榕寺・千佛塔细部

重修净慧寺千佛宝塔颂碑（图25）

净慧寺，通称六榕寺。寺内有明嘉靖二十九年（1550）由德隐立的千佛宝塔颂碑。黄铁桥撰写了碑文。碑文写道：“东坡尝得佛舍利，使真相院僧法泰为十有三成之塔。曾登南都大报恩寺塔，岁有嘉庆，闻舍利星现。”然后言及净慧寺塔再度发光之事。现塔为梁大同三年宝鸡主簿林修始建，净慧寺为岭南古刹中仅存的寺院，然塔已是梁摧栋挠，砖瓦散落，丹垩漫灭，故法淦之倡议营葺，其徒德隐住持本寺，力任其成，戊申（二十七年）八月动工，庚戌（二十九年）五月落成。”重修历经三年，可见其规模之宏大。另外碑文还言及工程的结果：“九层栏楯，非幻辉煌，四大□天，翚轩虚朗。浮图冠顶，有金光晃竺□，铃铎循旧，有妙响彻门阁。千佛庄严众生瞻礼，嵌壁净土。”云云。正是因为有这次的重修，这座塔才得以保持至今。

碑文将梁代创建舍利塔与宋代重建千佛塔混在一起，将重建者林修视为梁代的创建者，这当然是错误的。又，文章开首部分有“嘉靖七年己丑”的文字，

图 25·六榕寺·重修净慧寺千佛宝塔颂碑拓本

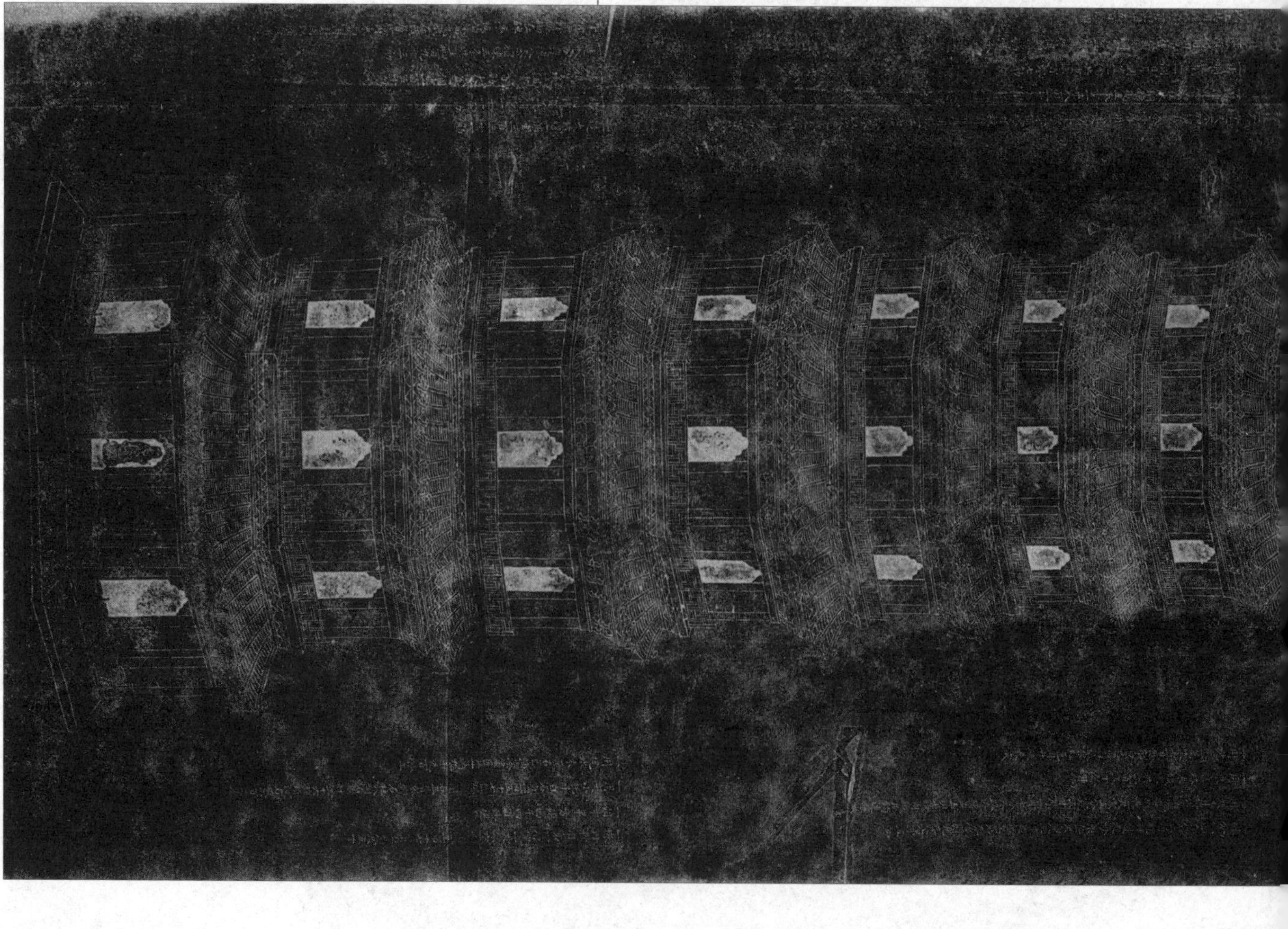

图26·六榕寺·佛塔图拓本

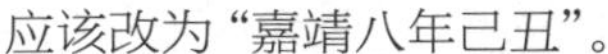

应该改为"嘉靖八年己丑"。

现存于六榕寺的广州六榕寺佛塔图可能是嘉靖年代重修之际的作品。

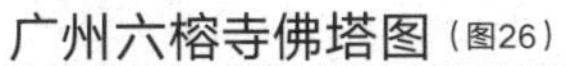

广州六榕寺佛塔图（图26）

寺内有广州六榕寺佛塔图，详细描绘千佛塔，两侧记录着尺寸及砖瓦木石灰工的数字。开始部分有"谨将重修"的文字。可见，这是上述明代的重修绘图。其中的"八面九层、高二十七丈"与碑文中的"八斛九层高二百七十尺"是一致的。又，"用大青砖、外路边砖、寸半方砖"与碑文中的"垒甓"相对应。佛塔图上面写道："作九层各墙，用石湾大黄油瓦、绿油缸为盖，为加轮奂之美，故用东京格木铁木，用大小托斗之白石墊、塔顶围石、塔脚石柱、石栏杆、台阶石板，色彩蠔灰，添入槟榔衣，蚬灰和白色中加入白纸根，红色加入廾硃（编者注："廾"字疑为"丹"），而有坭水木匠、石匠、油漆书匠，合计一万九千九百余工。"油漆书匠可能是用于造千佛五百罗汉的。塔顶九轮，首先在九霄铜柱上添上铜铸复五条，用旧柱三条打磨修饰，铸圆铁宝盆九霄铁轮桶、九霄盘、铜莲花盆、日月铜盖、铁宝珠、大铁盖，造通花玲珑铜钟、光面铜钟，造八方护练、箍练，塔顶的旧宝珠铜宝盆和龙凤珠又重新得到修饰并镀金。上面记录着经费为银一万六千五百余两。最后，附记写道：修塔后所剩下的砖，砌为碑亭后墙；绿油瓦缸在头顶塔内，封固于东西门内，以备后用。

这是有关千佛塔规制的珍贵记录。据此可知，宋代千佛塔内砖外木，现在的塔沿袭了本来的面貌。将图 23、图 24 与这个记录相比照，可以弄清楚塔的结构。

塔顶寿山盖的莲花上刻着陀罗尼以及雕刻它的缘由。

关于此咒，笔者查找了有焰口之名的秘密经典，在我们所拥有的大藏经里没有找到。这可能存在于元代从西藏翻译过来的书籍之中。雕刻此咒的缘由，从识语中可以得知。而这个识语，文笔颇为拙劣，难以读懂。

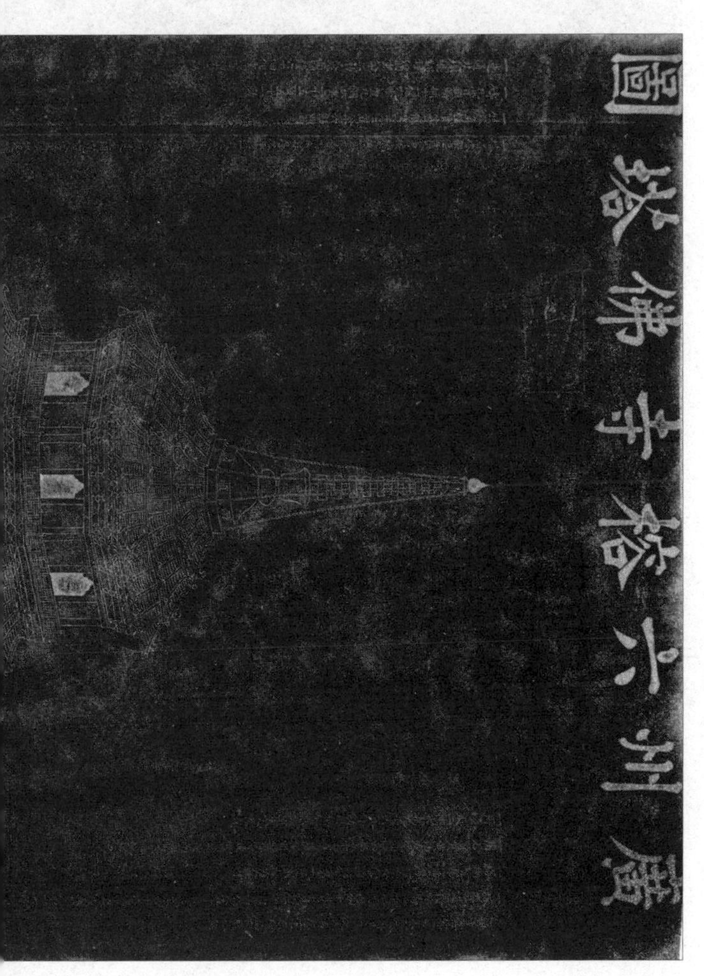

苏文忠公笠屐像碑（图27-1）

六榕寺之名，是宋苏东坡居士根据寺中有六榕而书写六榕之额而来的。匾额现在悬挂于寺门上。本寺由于这种因缘而有居士的像碑。根据赵藩所加的识语，东坡公像写本刻本，“无虑数十”，但只是“大率意为”而已。惟独北平翁氏所摹南薰殿藏宋人的写本“当得其真”。还有，“笠屐拄杖”乃是“存岭南故事付铁禅镌石嵌奉精舍”之物，年代为庚申（民国九年）。铁禅是现任住持，因此刻石应该是属于最近之事。然而，图为宋人所画，因此它应该画出了居士的真实面貌。

重开永嘉证道歌碑（图27-2）

六榕寺内还有一块刻着永嘉玄觉证道歌的石碑。据说碑文是苏东坡的墨迹。虽然只是其中的一部分，但碑文中所谓的“重开”，表明先前已有之，同时还表明曾经举行过证道歌。《广东通志》卷二百零九、《金石续篇》卷十六对此有记载。《通志》首先引用《粤东金石略》的内容：篆额曰皇宋广州重开永嘉，文未完，碑字劲逸，似坡公书；其后又得一石，上面有“丙子”之文字，有写着“沙门赐紫慧禅”之文字的跋语。然后，《通志》作者阐述自己的意见：篆额的文字不是“皇宋”，而应为“圣宋”；跋语中的“丙子”，当是东坡南迁期间的绍圣三年（1096）；若然，则其文字是“坡公在惠州书之，不与书‘六榕’同时也”。因此，将其看作是东坡之书，是学界的共识。永嘉曾访六祖慧能于曹溪，通过二三的问答，理解了无相之理，本想立刻踏上东归之途，后来听从六祖之言，住了一宿再走，因此永嘉有一宿觉之名。其传记不很清楚。不仅《传灯》的传记与《宋传》的传记之间有差异，而且其事迹也颇为离奇。因此，永嘉是否为真实人物，不免令人怀疑。

图27-2・六榕寺・重开永嘉证道歌碑拓本

图 27-1・六榕寺・苏东坡像碑拓本

永嘉玄觉

有关永嘉玄觉的生活,《宋高僧传》卷八中的《唐温州龙兴寺玄觉传》与《景德录》卷五中的《温州永嘉玄觉禅师》有出入。一般流传于世的玄觉事迹，都参照了《传灯》的记录。而《宋传》有一些史料值得注意。我们先从《宋传》看其一生。

玄觉，字明道，俗姓戴氏。汉末祖侃公第五燕公九代之孙烈渡江，乃为永嘉人也。玄觉总角出家，龆年剃发。觉本住龙兴寺，精勤定根，确乎不移，疑树忽焉自坏。都捐我相，不污客尘。睹其寺旁别有胜境，遂于岩下自构禅庵。丝不以衣，耕不以食，独学孤陋。有道友东阳玄策禅师，两人游方询道，谒韶阳慧能禅师而得旨焉。或曰:“觉振锡绕庵答对”，语在别录。至若神秀门庭，遐征问法，然终得心于曹溪耳。即决所疑，慧能留其一宿，故号曰一宿觉。先天二年(713)，四十九岁，于龙兴别院，端坐入定，怡然不动。殡于西山之阳，敕谥号无相，塔曰净光。弟子惠操、惠特、等慈、玄寂，皆传师之法，为时所推。后李北海邕为守括州，遂列觉行录为碑。觉唱道著明，修证悟入，庆州刺史魏靖都缉缀之，号《永嘉集》是也。初觉与天台山左溪玄朗为道契，朗贻书招觉山栖，觉由是念朗之滞见于山，拘情于讲，回书激劝，其辞婉靡，其理明白。俾其山世一如，喧静互用。

《传灯》写道:永嘉玄觉，遍探三藏，精天台止观圆明法门(译者注:《景德传灯录译注》中为“圆妙法门”)，于四威仪中，常冥禅观。还写道:因左溪朗禅师激励，与东阳策禅师同诣曹溪。这是《宋传》没有记载的内容。《宋传》有“玄觉念左溪之滞见于山，拘情于讲，送激励之书”的记录。如果此事发生于玄觉从六祖处回来之后，则前后应该没有矛盾，但两者之间不免有主客异地之处。与六祖的问对，可能来自于所谓的《宋传》别录。以下为问对之逸事。

玄觉初到振锡携瓶，绕师三匝。祖曰:“夫沙门者，具三千威仪，八万细行。大德自何方而来，生大我慢?”师曰:“生死事大，无常迅速。”祖曰:“何不体取无生、了无速乎?"曰:"体即无生，了本无速。"祖曰:"如是！如是!"于时大众无不愕然。玄觉方具威仪参礼，须臾告辞。祖曰:"返太速乎?"师曰:"本自非动，岂有速耶?"祖曰:"谁知非动?"曰:"仁者自生分别。"祖曰:"汝甚得无生之意。"曰:"无生岂有意耶?"祖曰:"无意，谁当分别?"曰:"分别亦非意。"祖叹曰:"美哉！美哉！少留一宿。"时谓"一宿觉"矣。策公乃留，师翌日下山，回温江。学者辐辏，号真觉大师。著《证道歌》一首，及《禅宗悟修圆旨》。《永嘉集》盛行于世。宋淳化中，太宗皇帝下诏本州重修龛塔。云云。

正如以上所述，在玄觉与左溪玄朗的关系中，传记里已出现纰漏。而《宋传》在叙述玄觉初向神秀问法、后在慧能处得法，以及玄觉与六祖的关系中，也令人感到疑惑。特别是《证道歌》中有"第一迦叶首传灯，二十八代西天记，入此土菩提达摩为初祖，六代传衣天下传"之语。与六祖的关系是一宿觉，而与六祖同年入寂的永嘉，有二十八祖之说与六祖之说，这让人产生很大的疑问。在永觉时代里，曾被邀请到长安的神秀禅师，最受世人敬仰;而一般的六祖传灯之说，应该尚未成立。至后世马祖的法系，隆隆席卷天下，先诬北魏禅，以达摩毒杀之说，评神秀一派为北宗渐悟，以牛头一派为出自四祖的旁系，冀望将天下诸禅统一于南宗法门之下。这样，心怀如此企图的南禅之徒，或许是打算通过永嘉，让天台的止观与六祖相交涉。笔者以前已有此疑问，最近阅读了《胡适文存三集》，认为胡氏对于永嘉所作的论断可以赞同。该文的内容为:胡氏在巴黎见到敦煌出土的《禅门秘要决、招觉大师一宿觉》一文。根据该文与《证道歌》完全相同，胡氏认为《证道歌》并不是玄觉所作，然后，又进一步断定"永嘉禅师玄觉"者只是一位乌有先生，招觉应该生在"二十八祖"之说已成定论的时代，并断定大概在晚唐五代之时。

华林寺

华林寺在广东市西关西来初地。据传，西来初地是梁代达摩西来登岸的故地。华林寺是清顺治十二年宗符禅师开山之地，寺内有五百罗汉堂。五百罗汉为道光二十九年僧祇园模仿西湖净慈寺塑造而成。其中有善注尊者，据传为马可·波罗之像，故特别有名。华林寺第二代住持离幻元觉撰写的《华林寺开山碑记》（根据森清太朗著《广东名胜史迹》的记载）详细记载了华林寺的开山，而罗文俊撰写的《五百罗汉堂碑记》记录着建五百罗汉之事。寺院近年接受寺产清理，只剩下罗汉堂及其附属的寺堂。

华林寺第二代住持离幻元觉撰写的《华林寺开山碑记》写道:若谈以后的宗门，则应以曹溪南华为首。然而，若要追溯其渊源，则属于西来一脉，而我华林寺，实肇其基。

碑记记载:华林寺旧称西来庵，地称为西来初地。萧梁大通元年，达摩尊者自西域航海而来，于此登岸，故有西来初地之名。遗迹犹存。明嘉靖间，慧坚老宿悬记道:一百单八年后，当有大善知识，于此建立法幢。崇祯初年（1628），我师宗符老人自漳州行脚入粤，至西来。前夕，庵主感奇梦，愿于此建道场。但是，由于其志游方甚切，故力辞不就。其后，遍参海内诸大名宿，又飞锡南来，一时当道宰官及绅士程可则、王念初、梁佩兰、陈恭尹诸公，卜地西来，拓基址，引河流为功德水，植林木为祇树园，首建大雄宝殿，次及楼阁，堂庑寮室，无不圆成，榜为华林禅寺。时为国朝顺治乙未岁（十二年，1655）。师在此住持，有一十七载，大建西来之宗旨，常垂三关之语，勘验诸方学者，道风远播，闻者景从。前后又在双桂、勇猛、东湖、云门之诸刹开法，嗣法门人离幻、铁航、识此、天藏、归依之弟子，不计其数。云云。

元觉撰写这个碑记的时间为康熙二十年（1681）。根据碑文，我们可以知道，华林寺由宗符禅师于顺治十二年开山。此处原本有西来庵，而它的创建时代已经无法得知。

罗文俊于道光二十九年（1849）撰写的、华林监寺旷间等立碑的《创建华林寺五百罗汉堂碑记》（图30-3）记载道:华林寺于萧梁时肇基，其后一千三百余岁之间，传灯弗绝，而罗汉堂未建。住持祇园，于道光二十五年，踏上游方之途，遍历燕齐吴楚诸名刹，游武林（杭州），礼净慈寺罗汉，遂发大悲愿，以建堂为己任。南归后，于寺之西偏拓基庀材，塑像庄严，阅三载告竣。按佛书，十六大阿罗汉各领其弟子，以神通力，延自寿量，常住世间护持正法，饶益有情，至今犹未入灭。在震旦之土，第五尊者诺讵罗，率其徒八百众，五百居天台，三百居雁宕，同诸眷属，随方显化，作人间福田。自隋代智者大师习观天台，常与五百尊者，游戏于石梁方广之间，由是五百之名益著罗浮。《志》记载道:韶州延祥寺经楼曾有五百罗汉像。又，东莞资福寺有五百罗汉阁。我高庙又于万寿山奉五百应真。现在此堂之所以建成，皆倚靠监寺旷间、都寺信成、副寺宏善等人之力也。云云。（碑文参见图30-3）

根据这些记载，可以得知五百罗汉塑像的由来。以下介绍华林寺的情况。罗汉堂正面、本尊之前有乾隆帝的塑像，在其前面，罗汉堂的中央有十五层的阿育天王方塔（铁塔）（图28-1）。这是道光二十九年王福报为祖宗、祖父母、父母、妻儿等灭障消灾而铸造的。在塔的基部，四面刻着铭文。文中记载祇园和尚建立罗汉堂的事迹以及自己铸造方塔奉安于堂中一事（图28-2）。根据铭文，我们可以知道它是与罗汉堂同时建造的。现存的罗汉像有四百九十余尊，似乎经历数次修葺。达摩像位于左侧中央（图29-1），善注尊者像在正面本尊的右侧第二位（图29-2）。两像皆为佳作。

善注尊者为马可·波罗像的说法，内外传播。而根据其缘起，这五百罗汉是摹自西湖净慈寺，并非起源于广州。既然不是起源于广州，就有研究的余地。其为洋装，这一点是没有疑问的，但身着洋装者还有数尊（图30-1、图30-2），这也许是塑像之际，为了凸显罗汉的奇异风格而为之吧。据笔者所知，在十六罗汉中加入洋装者，还有杭州梵天寺、扬州天宁寺、日本的长崎崇福寺、盛冈报恩寺等，范围颇广。也许正是这种奇异的风格才促使其如此流行。

图 28-1・华林寺・阿育天王方塔

右金門……
尚堂成己酉十晉蒙慈爲初地妙因福田晋種事顯宏迹善之
有二月戊辰佛壘址其崇功德五百阿羅歸親孝惟盡力
弟子王福報發萬派海巠朝宗璇題崇奉彼涵祖宗父母弟昆
用青金鑄造阿育滴曹溪一源聖恩山巖僧供妻息障滅災消
育天王寳塔累千疊繪欲傳燈漸水嶺雲泉分崇信不忒天王
蓮座層重一千珠聯脈接衣授源共彈指化城神威應真知識
五百斤奉安堂紫禰鉢投伽葉成諸儀嗔七寶佛靈昭昭堂共
中上祈界遍婆娑善趁裘臺千花覆頂無極
國泰邊安下願寃孽啓無無上乘相相莊嚴尊尊道光二十九年
先大父母先父鼓無邊揖逈我慧之光詔笑嬉己酉冬月佛
母在堂生母昆祇[illegible]是離塵切一胜肅敬毋嗤弟子王福報
弟妻息姜及嫻娑韶受具鳳帶睡魔[illegible]首敬撰并書
茂六道三塗一機緣問經普荅變化難齊齊之茂盛店鑄造
物含識生生世妙解之筌忽矢靈境我聞如是

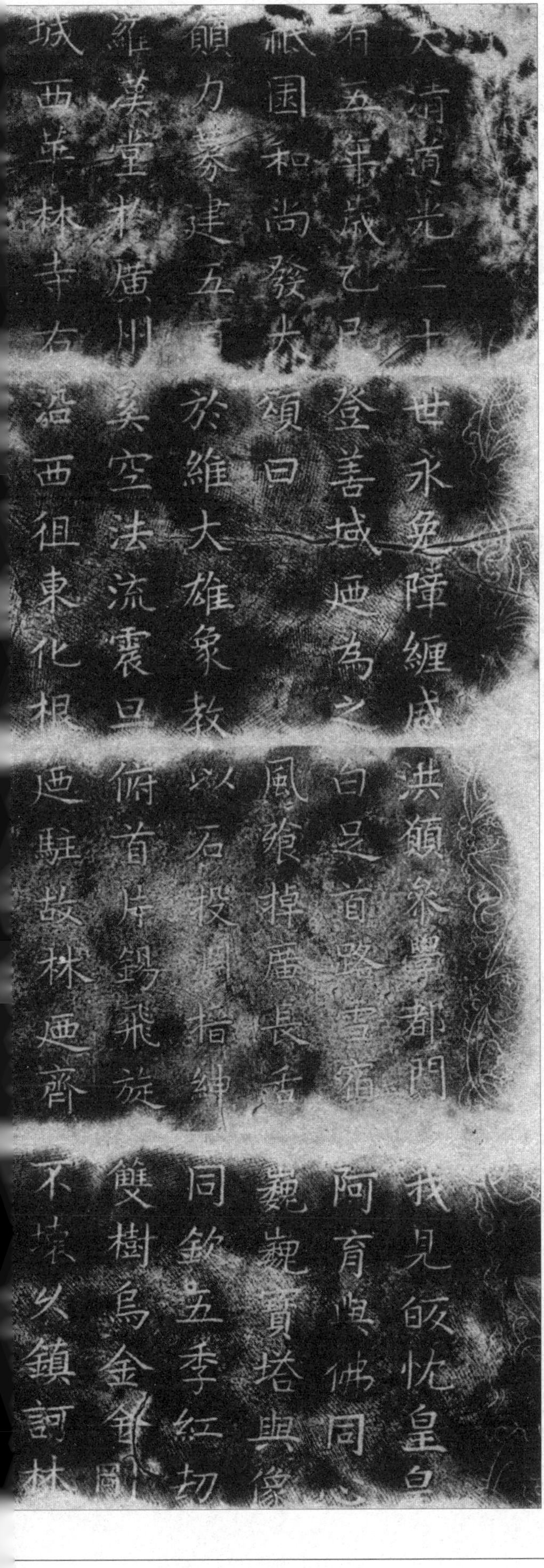

图 28-2・华林寺・阿育天王方塔基坛刻・建造缘起文拓本

图 29-1・华林寺・五百罗汉中的达摩祖师

图 29-2 · 华林寺 · 五百罗汉中的善法尊者

图30-1·华林寺·五百罗汉（部分）

图30-2·华林寺·五百罗汉（部分）

創建華林寺五百羅漢堂碑記

華林寺肇基前梁歷千三百餘載傳燈弗絕而羅漢堂未之建也住持祇園[illegible]持衍堅苦精之上
乘既而秋榮參方遍歷吳楚諸名剎及遊武林禮應真於淨慈寺遂發大悲願毅然以建
堂為己任歸即於寺西偏拓基庀材塑像莊嚴生面各開惟妙惟肖閱三載告竣嗣行腳來京
乞為之記按佛書十六大阿羅漢各領其弟子共一萬六千九百衆以神通力延自壽量常住
世間護持正法饒益有情至今猶未入滅若東震旦土則第五尊者諾詎羅率其徒八百衆分
百居天台三百居雁宕同諸眷屬隨方顯化作人間福田自隋智者大師習觀天台常與[illegible]千
尊者遊戲石梁方廣間由是五百之名益著羅浮靈異記云黃龍洞西嘗有五百華首真人遊
會開元間始建為寺空隱禪師所謂一門直入羅浮路五百重登華首臺是也志稱韶州延祥
寺經樓有五百羅漢像後以寺建王府隨廢東莞資福寺有五百羅漢閣即蘇子瞻為誠禪院
所記者今斷石猶存然則吾粵固聖跡所示現靈異之鄉乎未溯我
高廟精研梵典深入佛海於萬壽山大報恩延壽寺築祇樹園獅子窟諸勝以奉五百應真人天環
拱普攝三千大千世界是豈法耀博垣工藻繪詩殊形異狀之觀哉亦俾使普天率土翹誠悲
仰發菩提心生正信心而已矣今于乙巳冬乞假閉戶每晨起焚香浣手書蓮華經般若經
積一載得數十冊非敢妄祈福佑而佛天鑒誠沉痾頓起今將南旋喜善果之蔚成瞻寶相之
湧現謹述其緣起先寄祇園俾十方衆生皈依瞻仰者知斯堂所自焉若始終蓮籌任其勞
者監寺曠明勸其事者都寺信成副寺宏善協備者副寺禮慈翹心監修者端晉悅林學並同
時致力不可磨也例得備書至倡勸義捐及輸金檀越題名別石是為記
賜進士及第榮祿大夫工部左侍郎兼管錢法堂事務南海羅文俊撰
候選內閣中書丁酉科舉人南海陳惟新書
賜進士出身翰林院檢討掌山西道監察御史工科掌印給事中連平顏培瑚篆額
道光二十九年歲在己酉季冬華林監寺曠明等立石　梅州鄒[illegible]平摹刻

图 30-3 · 华林寺 · 五百罗汉堂碑拓本

广州文庙

文庙现在(1928年12月29日)被作为陆军卫戍医院使用。院长是毕业于日本京都帝国大学的李世圻。毕业于福冈帝国大学的董道蕰也在这里。在这两位的帮助下，我们得以参观文庙内外。

大门的四柱写着“革命尚未成功”“同志仍须努力”“废除不平等条约”“实行三民主义”的对联，这表明医院属于民国。内部正面有一榜，上面画着青天白日章，出二跳平身科斗拱颇为宏伟，而屋脊有一部分受损甚为严重(图31-1)。

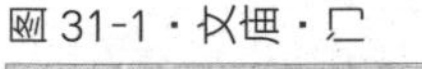

图 31-1 · 文庙 · 门

實行三民主

我们一行六人，加上李、董两氏，立于外面，合影纪念（图 31-2）。

图 31-2・文庙・门前纪念摄影

图 32-1・文庙・大成殿

大成殿为五间建制，正面立有一榜，上面画着青天白日章。有出二跳平身科斗拱，屋顶为单檐，屋脊中央安放着宝瓶，左右各置一龙，下栋梁为二层。大成殿现在已充作医院。

图 32-2・文庙・大成殿内部

殿内正面安放着神位，上题『至圣先师孔子　大成殿』，还挂有『万世师表』『生民未有』『与天地参』等御笔匾额，皆原样保存着，而神位前却堆放着病褥（图 32-2）。

图 33-1・文庙・元碑

庭院一隅有元代大德十一年的碑石。碑石无冠无趺，碑面全部涂上了白垩，几乎完全无法辨认出文字（图 33-1）。另外一隅有一物，可能是铁香炉。它被用作花盆，而刻在上面的图形颇佳，且戴有鬼面，三足而立，手法遒劲。把如此重要的器具弃之如废物，由此可察知人心所向（图 33-2）。

图 33-2 · 文庙 · 香炉

五仙观

据传，五仙观是往古五仙骑羊出现的故址，广州由此而得五羊城之名。对于广州而言，五仙观是非常重要的古迹。

现在（1928年12月29日），五仙观被作为警察署使用，门前禁止摄影。如今的大殿是立于砖砌的高台之上的阁楼，有重檐屋顶，阁楼中间悬挂着一口大钟。据传为梵钟，阁楼名为道钟阁。阁有通路，这也许就是五仙观的大门。在兴旺发达时，门内应该有许多建置。现在它成了大殿，里面空无一物（图34-1）。

大殿背后，靠着高台砖墙有三口铁钟随便放着。钟不大，但值得一看。这些铁钟不禁让人联想到悬挂它们的那些建置（图34-2）。

图 34-1 · 五仙观 · 道钟阁

图 34-2 • 五仙观 • 内庭三铁钟

怀圣寺

怀圣寺因寺内有光塔而闻名于世。寺门为阁制，有重檐屋顶，上层使用出三跳平身科斗拱，下层使用出四跳平身科斗拱，是一座为数不多的回教寺院（图35-1）。

有关怀圣寺，清代仇池石《羊城古钞》有如下记载：怀圣寺在广州府城内西二里，唐时番人所创，内建番塔，轮囷凡十有六丈五尺，广人呼为“光塔”。相传塔顶旧有金鸡，随风南北。每岁五、六月，番人率以五鼓登绝顶呼号，以祈风信。不设佛像，惟书“金”字为号以为礼拜焉。云云。《广东通志》卷五十四大致沿袭该书的记载，而其后补充道：洪武二十年七月，金鸡为飓风所坠；送京贮库，以铜易之；亦为飓风所坠，万历庚子修复，易以葫芦。国朝康熙八年，其葫芦复坠于飓风。

有关光塔（图35-2），《羊城古钞》卷七这样记载道：“光塔为唐时番人所建，高十六丈五尺，其形圆，轮囷直上，至肩膊而小，四周无楯栏，无层级。顶上有金鸡，随风南北。每岁五月，番人望海舶至，以五鼓登顶呼号，以祈风信。明洪武间，金鸡为风所坠。”此塔未曾遭遇火灾，维持着创建以来的原样，外无楯栏，无层级，异于佛塔，而内有螺旋式梯级，可以爬到顶上。后面提到的怀圣寺碑中这样记载：“其制则西域，礫然石立，中州所未睹。蜗旋蚁陟，左右九转，南北其扃，其肤则混然，若不可级而登也。其中为二道，上出惟一户。”这将塔的实况描写得十分逼真。《广东通志》卷五十三中，有“明成化四年，都御史韩雍重建”的记录。这可能是将寺与塔放在一起看的。正如碑文中所记，寺院毁于元代至正癸未，至正十年重建。《通志》所说的重建，可能就是以后在明代重建的。

创建光塔的目的原本在于祈祷呼报者可以在开始祈祷时便于招集信徒，因此该塔又被称为叫佛楼。有关该塔的记录最早出现于南宋时代《南海百咏》，当时已有唐代创建的传说。然而，与怀圣寺齐名、号称中国最古回教寺院之一的泉州清静寺创建于北宋大中祥符二、三年。因此，怀圣寺应该创建于其后。这是已故桑原隲藏博士的研究结论。

图36为重建怀圣寺记碑。此碑用宝相华，在四缘的上部雕刻着“重建怀圣塔寺之记”的篆额，中央上部刻宝珠于火焰中，左右画双龙，以云纹填充空间，碑文上部刻有三行多的番字，并刻有汉文。此文在《南海县志》中有记载，而《广东通志》和《金石萃编续编》中没有。因此，我们在这里将它刊登出来。下部有的文字磨损严重，看不清楚，实为憾事。

重修怀圣寺记

奉议大夫、广东道宣慰使司、都元帅府经历、郭嘉撰文，

政议大夫、同知广东道宣慰使司、都元帅、副都元帅、撒的迷失书丹，

中奉大夫、江浙等处行中书省、参知政事、僧家讷篆额。

白云之麓，坡山之隈，有浮图焉。其制则西域，嶫然石立，中州所未睹。世传自李唐讫今。蜗旋蚁陟，左右九转，南北其扃。其肤则混然，若不可级而登也。其中为二道，上出惟一户。古碑□漫，而莫之或纪。寺之毁于至正癸未也，殿宇一空。今参知浙省僧家讷元卿公寔元帅是，乃力为鞏砾树宇，金碧载鲜。征文於予，而未之遑也。适元帅马合谟德卿公至。曰，此吾西天大圣，擗奄八而马合麻也。其石室尚存，修事岁严，至者乃弟子撒哈八，以师命来东，教兴岁计殆八百，制塔三。此其一尔。因兴程租，入经废弛。选於众，得哈只哈散，使居之以掌其教。噫兹教崛于西土，乃能令其徒颛颛帆海岁一，再周堇堇达东粤海岸，逾中夏立教兹土。其用心之大，用力之广，虽际天极地，而犹有未为已焉者。且其不立象

教，惟以心传，亦髣髴达磨。今觇其寺宇，空洞闃其无有像设。与其徒日礼天祝厘，月斋戒惟谨，不遗时刻晦朔。扁额怀圣，其所以尊其法笃信其师教，为何如哉。既一毁荡矣，而殿宇宏敞，广厦周密，则元卿公之功焉。常住无隐，徒众有归，则德卿公之力焉。呜呼不有废也，其孰以兴。不有离也，其孰与合。西东之异俗，古今之异世，以师之一言。历唐宋五代，四裂分崩，而卒行乎昭代。四海一家之盛世，于数十万里之外，十百千年之后，如指如期，明圣已夫。且天之所兴，必付之人，虽灰烬之余，而卒昭昭乎，成于二公之手，使如创初，又岂偶然哉。遂为之辞，曰：

天竺之西　曰维大食　有教兴焉　显诸石室　遂逾中土　阐于粤东　中海外内　窣堵表雄　乃立金鸡　翘翼半空　商舶是䁖　南北其风　火烈不渝　神幻靡穷　珠水溶溶　徒集景从　甫田莽苍　复厦穹窿　寺曰怀圣　西教之宗

至正十年八月初一日，当代住持哈只哈散，

中顺大夫、同知广东道宣慰司、都元帅府副都元帅、马合谟。

右刻在城西光塔寺。郭嘉濮阳人，泰定三年进士，累官广宁路总管，至元十八年辽阳陷，力战死焉，谥忠烈。《广东通志·职官略》不载嘉。宣慰使司都元帅撒的迷失、僧家讷、马合谋亦皆漏略。得此并可补其阙。

（《南海县志》卷二十九中的《金石略三》）（《广州府志》卷一百三中的《金石略七》，《府志》中的《寺记》引自《南海志》。）

笔者对《南海县志》所记载的内容与现碑的拓本进行了对照，发现两者稍微不同。①撒的迷失的官职中少了“副都元帅”。②现碑写为“元帅公寔”，而《志》写为“元帅公实”。③现碑写为“扁额”，而《志》写为“匾额”。④现碑“于数十万里之外”里的“于”字，《志》写为“於”字。⑤文末“马合谟”的“谟”字，《志》写为“谋”。而“蜗旋”“碑”“严”“与”“海外”这几个字，现碑磨损严重，笔者根据《志》补齐。《广州府志》的内容，由《南海志》转载而来，故没有需要添加之处，只是将“光塔寺”误写成“光孝寺”了。

重建怀圣寺记碑于至正十年八月由马合谟所立、进士郭嘉撰文。碑文不同于一般的汉文，晦涩难读。文章从“浮图”“李唐讫今”“寺之毁于至正癸未（三年）”开始写起，叙述“殿宇一空”，后得到书写篆额的“僧家讷”的再兴，常住于此并掌教者为马合谟德诸事；然后谈及其教风：“不立象教”“惟以心传”“髣髴达磨”；还谈到“日礼天祝厘”“月斋戒惟谨”“不遗时刻晦朔”；关于塔制，有“蜗旋蚁陟，左右九转，南北其扃”的文字叙述，还谈及观“其肤”，则“若不可级而登”，“其中为二道，上出惟一户”；铭中则谈到立于“窣堵”上的金鸡“翘翼半空”，商舶见之则知南北风向。

出现于碑文中的重要人名有西天大圣擗奄八而马合麻与“以师命来东”的撒哈八。擗奄八而或写为赔昻伯尔、别庵伯尔、癖颜八儿、别济拔尔，这是波斯语“天使（paigamubaru）”的音译（译者注：此处标的读音为日语罗马字读音，原文为日语片假名。下同），故“马合麻”为Mahometto的音译。撒哈八为斡葛思（wakkasu），是闻名遐迩的广东回教开教者。Wakkasu也有各种写法：苏哈白汪葛素（sohaba · wakkasu，广东城北大忠墓碑）、色哈白赛阿德斡葛思（sohaba · saado · wakkasu，肇庆东清真寺碑）、斡葛思（广东城北先贤古墓寺碑）、赛尔德（saado，广东城北先贤古墓寺碑）、撒哈八（sohaba，广东怀圣寺碑）。撒哈八与斡葛思似乎毫无瓜葛，但对这些名字进行比较后，我们可以认同这两个名字实为同一人。桑原隲藏博士在《蒲寿庚之事迹》中对于光塔，伊东忠太博士在《广东的回教建筑》中对于怀圣寺，都有详细介绍。上述内容有很多地方得益于这两位博士的研究。

图 35-1・怀圣寺・门

图 35-2 · 怀圣寺 · 光塔

图 36・怀圣寺・重建怀圣塔寺之记碑拓本

广东韶州 SHAOZHOU CITY OF GUANGDONG PROVINCE

广东乳源 RUYUAN COUNTY OF GUANGDONG PROVINCE

广东潮州 CHAOZHOU CITY OF GUANGDONG PROVINCE

广东韶州

六祖慧能

记载六祖慧能生平事迹的文献，有唐代王维的《六祖能禅师碑铭》、柳宗元的《赐谥大鉴师碑文》、刘禹锡的《大鉴禅师第二碑文》、宋代赞宁《宋高僧传》卷八的《唐韶州今南华寺慧能传》、宋代道原《景德传灯录》卷五的《第三十三祖慧能大师传》。此外，《法宝坛经》据传是弟子法海等收集六祖大师在大梵寺说法编录而成的，里面零散出现了六祖的事迹；同书附录中有法海等集录的《六祖大师缘起外纪》。其他书籍的记载为数众多，而内容不出上述诸文献。将这些传记放在一起看，可以发现其中有种种讹传与背离。以下，首先按照《宋高僧传》，并参照《坛经》进行叙述；而后谈其中的讹传与背离。

（一）慧能（《坛经》写为"惠能"）姓卢氏，唐贞观十二年（638），生于南海新兴。父（行瑫）既少失，母且寡居。家亦屡空，故负薪售荷担。一日，偶闻鄽肆间诵《金刚般若经》，心有所开悟，问曰："谁边受学此经？"曰："从蕲州黄梅冯茂山忍禅师。禅师劝僧俗，当持此法，云即得见性成佛也。"慧能闻是说，若渴夫之饮寒浆，忙归，备所须，留奉亲老。——《宋传》的冯茂山也就是人们常道的五祖山。《坛经》写为"黄梅县东禅寺"。该寺在县城西门外。而《坛经》还写道："惠能安置母毕，不经三十余日，便至黄梅，礼拜五祖。"

（二）咸亨中，慧能往韶阳，遇刘志略。略有姑无尽藏，恒读《涅槃经》。慧能听之，即为尼辨析中义。尼怪慧能不识文字，慧能乃曰："诸佛妙理，非关文字。"尼深叹服，号为行者。——《坛经》写道："留韶州九月余。"有劝于宝林古寺修道。慧能自谓己曰："本誓求师，而贪住寺，取乎道也，何异却行归舍乎？"明日遂行，至乐昌县西石窟，依附智远禅师，侍座谈玄。智远惊其非凡常，劝往蕲春五祖。——《坛经》写道："师以韶州事缘而自黄梅回韶州，因其求道之切，故没有理由于往路逗留九月余。"《坛经》还写道："在此地时，为恶党寻逐，乃遁于前山，被其纵火，遂隐于怀会二邑。"

（三）未几而至。五祖弘忍，睹慧能气貌不扬，试之曰："汝从何至。"对曰："岭表来参礼，惟求作佛。"弘忍曰："岭南人无佛性。"慧能曰："人有南北，佛性无南北。"忍曰："汝作何功德？"能曰："愿竭力抱石而舂，供众而已。"如是劳乎井臼，了彼死生，与涅槃而平等。——《坛经》写道："居八月余。"

（四）弘忍门下甚多。弘忍虽均养此等门人，不辨知其心。神秀与慧能之间有过唱和。其偈辞在壁，见解分歧，浅深之别分明。弘忍密以法衣寄托慧能，曰："自古，佛佛惟传本体，师师密付本心。衣为争端，止汝勿传之。若传此衣，命如悬丝。汝须速去，恐人害汝。"慧能回生地，隐于四会、怀集之间，渐露锋颖。——《坛经》为了努力确保第六祖慧能的地位，在神秀与慧能的题偈唱和，以及弘忍对慧能传授的缘由上花费相当多的笔墨。这从反面证明了其背后隐藏着神秀一派的强大势力。《坛经》写道："弘忍授法后送惠能至九江驿，自把舻渡惠能；惠能南行两月中，至大庾岭时，逐后数百人来，欲夺衣钵，其中有惠明者，为众人先，趋及惠能，却为惠能所度；惠能后至曹溪，被恶人寻逐，乃于四会，避难猎人队中，凡经一十五载。"惠能的名偈"本来无一物"，为此时唱和之辞。此事将在介绍荆州度门寺神秀时叙述，在此从略。

（五）慧能一日思惟："时当弘法，不可终遁。"遂出，至广州法性寺，值印宗法师讲《涅槃经》。时有风，吹幡动之。一僧曰风动，一僧曰幡动，议论不已。惠能进曰："不是风动，不是幡动，仁者心动。"印宗延至上席，征诘奥义，辞屈而神伏，于是为慧能剃发，取弟子之礼。慧能即至智光律师处受满分戒，于菩提树下开东山法门。慧能所登的戒坛是南宋求那跋摩三藏立的，跋摩悬记云："后当有肉身菩萨于斯受戒"。又，梁末真谛三藏于坛之畔，手植菩提树，谓众曰："此后一百二十年有开士，于其下说无上乘度无量众。"至是慧能爰宅于兹，果于树阴开法，皆符前谶。——《坛经》谈到了风幡问答、惠能剃发以及菩提树下开法之事，而没有言及求那、真谛的悬记。敦煌出土的《坛经》没有出现风幡问答。

（六）上元二年（675），正演畅宗风，惨然不悦。大众问曰："胡无情绪耶？"曰："迁流不息，生灭无常。吾师今归寂矣。"凶赴果至。慧能移住韶州宝林寺。时刺史韦据，命出城中大梵寺。苦辞，入双峰曹侯溪，开缘说法，度生无极。曹溪声名于是大振，天下言禅道者，以曹溪为口实矣。——《坛经》将大梵寺说法之集成称为"坛经"。

（七）其道誉达九重，故则天武后及中宗皇帝，咸降玺书，诏赴京阙。盖神秀禅师之奏举也。续遣中官薛简往诏，而慧能谢病不起。遂赐摩纳袈裟及钱帛等，以充供养。则天武后的这封诏书现传于南华寺。又，慧能舍新兴旧宅为国恩寺。——此一节与《坛经》的说法一致。

（八）神龙三年（707），敕韶州可修，慧能所居寺佛殿并方丈，务从严饰，改额曰"法泉寺"。

（九）延和元年（712），命弟子于国恩寺建浮图一所，促令速就。翌先天二年（713）俄然示疾，寂于国恩。时春秋七十六。其年，迁座于曹溪，慧能形端不散，如入禅定，后加漆布。广州节度宋璟，来礼其塔。

据说，蜀僧方辩，塑小样真，肖同畴昔。——《坛经》写道："广韶新三郡官僚、门人、僧俗，争迎真身，莫决所之。乃焚香祷曰：'香烟指处，师所归焉。'香烟直贯曹溪。"

（十）慧能曾言："吾灭后，有善心男子，必取吾元。汝曹勿怪。"或忆是言，加铁环缠颈焉。开元十一年，果有汝州人，受新罗客之购，潜施刃其元，欲函归海东供养。有闻击铁声而擒之。——《坛经》记载道："吾去七十年，有二菩萨从东方来，一出家，一在家，同时昌隆吾宗。"

（十一）宪宗皇帝，追谥曰"大鉴"，塔曰"元和灵照"也。——《宋传》将塔名写为"元和正真"，而从《柳宗元碑》到《景灯录》，许多文献都将塔名写为"元和灵照"，故按此改之。——迨唐末刘氏，称制番禺，每遇上元，迎真身入城，为民祈福。大宋平南海后，韶州之盗周思琼，尽焚其寺，塔将延燎。慧能平时肉身，非数夫莫举，其时二僧对舁，轻如夹纻像焉。

太平兴国三年，宋太宗皇帝，敕重建塔，改为"南华寺"，加谥为"大鉴真空禅师"，新塔曰"太平兴国之塔"。仁宗皇帝，天圣十年，迎其真身及衣钵，入大内供养，加谥为"大鉴真空普觉禅师"。神宗皇帝，再加谥为"大鉴真空普觉圆明禅师"。

（十二）弟子神会，若颜子之于孔门，受勤勤付嘱，于洛阳荷泽寺，崇树慧能之真堂。兵部侍郎宋鼎为碑焉。神会序宗脉，从如来之下、西域诸祖外，震旦凡六祖，尽图缋其影，太尉房琯作六叶图序。——《坛经》在付嘱一段中，列举了门人法海、志诚、法达、神会、知常、智通、志彻、志道、法珍、法如等名。《坛经》写道："惠能灭后，门人当各为一方之师。至其后，闻其入寂，法海等悉皆涕泣，惟有神会，神情不动。"《坛经》还列举了西天二十七祖、东土六祖之名，作为惠能自身之开示。《坛经》最后谈及惠能年二十四传衣、三十九祝发、说法利生三十七载、嗣法四十三人，作为其一生的总结。

与慧能有特殊关系的印宗法师之传出现于《宋高僧传》卷四《唐会稽山妙喜寺印宗传》中。印宗法师为吴郡人，从师诵通经典，末最精讲者《涅槃经》。咸亨元年（670）在京都盛扬道化，上元中（674、675）敕入大爱敬寺居，辞不赴请。于蕲春东山忍大师谘受禅法，复于番禺，遇慧能禅师，问答之间，深诣玄理，返回乡地。刺史王胄礼重，请置戒坛，命宗度人。又奉敕于江东诸寺院天柱、报恩，各置戒坛度人。所著《心要集》，起梁至唐之间天下诸达者语言总录焉。又纂百家诸儒士三教文意表明佛法者，重结集之，手笔逾高，著述流布。先元二年示终。年八十七。

《景德传灯录》卷五，在慧能大师法嗣四十三人中列有广州法性寺印宗和尚之名。其略传只不过是上述《宋传》的摘要。

在六祖慧能的传记中，现存最古的文献是王维的碑铭。王维的文章虽不长，但写得十分逼真。碑铭写道："姓卢氏，某郡某县人也。"而不写出其乡贯。谈及事黄梅，也只写"年若干，事黄梅忍大师"。关于事忍大师，碑铭写道："愿竭其力，即安于井臼。"这与一般说法无异。"每大师登座，学众盈庭，中有三乘之根，共听一音之法，禅师默然受教，曾不起予，退省其私。皆曰升堂入室，测海窥天，谓得黄帝之珠，堪授法王之印。大师心知独得，谦而不鸣。临终，遂密授以祖师袈裟，而谓之曰：'物忌独贤，人恶出己。吾且死矣，汝其行乎。'"此处大体描写出了忍能师徒授受的真实情景。文章谈及慧能其后混于农商而劳作，如此积十六载。而当时南海有印宗法师讲《涅槃经》，禅师听于座下，因问大义，质以真乘，印宗不能酬之，翻而请益，乃叹曰："化身菩萨在此色身，肉眼凡夫愿开慧眼。"于是亲自削发。此处又让人明白了印宗与慧能之间的关系。文章写道："至某载月日"病起，"某月日迁神于曹溪"，而没有明确记载时日，也不提年龄。弟子只举出神会一人，这与《坛经》《宋高僧传》集中笔墨写神会的做法是一致的。在慧能入寂之条的语句"异香满室，白虹属地，饭食讫沐浴更衣，弹指不留，全身永谢"中，赞宁虽有稍作变动，但几乎原原本本地照抄了王维的碑铭。又，在谢敕召之条下有"子牟之心，敢忘凤阙，远公之足，不过虎溪"的对偶句，赞宁也原原本本照用。由此可见，赞宁从王维碑铭中取材，这是明白无误之事。将慧能说成是求那跋摩悬记中的化身菩萨，大概是来源于印宗法师赞慧能为肉身菩萨。

慧能获得大鉴禅师敕谥的时间是元和十年（815）。这起因于广州牧马总的疏闻。关于此事，有柳宗元与刘禹锡撰写的碑文可查。刘碑写道："（慧能）生于新州，三十出家，四十七年而殁。"柳碑写道："受（五祖）信具，遁隐南海上，人无闻知，又十六年。"王维也如上所述，将隐遁写为十六年。可见，这可以作为定论，补《宋传》之不足，对《坛经》所写的十五年进行更正。柳刘两碑皆认为，敕赐谥号的时间为慧能寂后百有六年。由元和十年往前推算一百零六年，则为景云元年（710），相对于慧能入寂的先天二年（713），有三年之差。慧能入寂，有先天元年之说，而没有景云元年之说。这可能是推算上的失误。这里无端生出了一个疑问。

《景德传灯录》中的传记，几乎与《宋传》一致。它将慧能造黄梅东禅的时间看作是咸亨二年（670），将慧能与印宗法师在法性寺的问答时间看作是仪凤元年（676），将慧能单独受戒的戒坛看作是宋代求那跋陀三藏所置之地。只有最后一点与《宋传》所说的求那跋摩三藏有异。而该书将植菩提树者看作是梁末真谛三藏，认为真谛三藏作"此后一百二十年有大开士"之记。

《坛经》附录中有门人法海等集录的《六祖大师缘起外纪》，该《外纪》记载道：惠能生于贞观十二年。龙朔元年，年二十有四，闻经有省。往黄梅参礼五祖，付衣法，南归隐遁。至仪凤元年，会印宗法师，诘论玄奥。印宗悟契，为惠能剃发，授具足戒。文章详细叙述了当时的授戒情景，认为戒坛是宋代求那跋陀罗三藏所创建的，而坛畔植菩提树者是西竺智药三藏，年代为梁代天监元年。文章还写道："预志曰，后一百七十年有肉身菩萨，于此树下开演无上乘，度无量众，真传佛心印之法主也。"而其后的注写道："天监元年至仪凤元年，得一百七十五年。"这里的注可能是宗宝于元代至元二十八年校雠开版《坛经》时加上的。宗宝为风幡报恩光孝禅寺的住持，故对于惠能的事迹最倾注心力，对于其剃发授戒特别感兴趣。宗宝是根据王维和柳宗元所说的隐遁十六年的记载，认为黄梅受法是在龙朔元年，排除了其他诸本的咸亨中的说法。

慧能事迹在诸传中的差异

对比上述诸传，我们可以发现其中有许多差异。

一、对于慧能一生的概括，《坛经》写道：二十四传衣，三十九祝发，说法三十七载。而刘禹锡写道：三十出家，四十七年入寂。

二、关于黄梅受法的年份，《宋传》写为咸亨中，而《景德录》写为咸亨二年，《坛经》附注为龙朔元年。

三、关于南海戒坛创立者，《宋传》写为刘宋求那跋摩，而《坛经》附录的《缘起外纪》及《景德录》写为求那跋陀罗。

四、关于坛畔植菩提树者，《宋传》及《景德录》

中为梁末真谛三藏，而《缘起外纪》中为梁初天监元年智药三藏。

五、关于南海隐遁的时间，《坛经》为十五载，王维及柳宗元的碑文为十六年（《缘起外纪》认同该记载，也写为十六年），而柳宗元及刘禹锡写的碑文均认为从入寂至元和元年赐谥之间历经百有六年。

将以上诸传放在一起考虑时，我们会发现异说纷纷，难以达成一致。其中最为可信的，有三点：贞观十二年出生、先天二年圆寂以及南海隐遁十六年后削发。《坛经·外纪》根据黄梅东禅寺所藏的坠腰石上的刻字"龙朔元年卢居士志"这八个字，认为是龙朔元年（二十四岁）传衣、十六年隐遁后的仪凤元年（三十九岁）祝发。《坛经》认为是二十四传衣、三十九祝发、说法三十七载。这种讲法很巧妙，而其成立的基础是龙朔元年传衣之说。仔细考虑一下，我们会发现，二十四岁传衣之说不符合事实真相。《宋传》《传灯》有咸亨二年（三十四岁）受法之说。据此推理，则垂拱三年（五十岁）祝发、说法二十六年而入寂。然而，这样的话，在咸亨间受法之说上，《坛经》和《传灯》有出入。我们应采纳哪一个说法呢？在这里成问题的是，刘禹锡碑文中的三十出家、四十七年入寂之说。出家应指离开南海至黄梅的时间。因此，若根据这个观点，则乾封二年（三十岁）出家受法，其后十六年隐遁，弘道元年（四十六岁）祝发，其后说法行化三十年而入寂。笔者的见解与以前的任何观点都有不同，笔者认为，根据最可信的资料，慧能的一生应该记载如下：

贞观十二年生（638）……………………（《宋传》《景德录》）
三十出家，乾封二年（667）………………（刘禹锡碑）
十六年南海隐遁…………………………（王维碑、柳宗元碑）
四十六岁祝发，弘道元年（683）
出家后四十七年寂，先天二年（713）…（刘禹锡碑）

这里留下的一个重要问题是，柳宗元和刘禹锡都将元和十年看作慧能寂后一百零六年。将两人的观点皆视为推算上的错误，可能有过早下结论之嫌。假使按照两人的观点，则慧能的生年乃至寂年都会出现三年的出入。而如果是这样，则其年龄必须减去三岁。有关这个问题，若没有得到其他资料的佐证，则难以有确切的说法。这个问题现在暂时存疑，待他日再图解决。

对以上诸说进行比较考察，笔者认为对以下两点可以再进行深入探讨。

（一）笔者发现，有关南海戒坛创建者，有从求那跋摩之说转向求那跋陀罗之说的变化。在现存史料中，唯有《宋高僧传》取跋摩之说，而其他皆取跋陀罗之说。两个三藏皆从广州登陆，都与此地有因缘。跋摩于元嘉元年到来，元嘉八年（430）入寂；而跋陀罗于元嘉十二年（435）到来。跋摩传译《菩萨善戒经》《菩萨内戒经》《优婆塞五戒威仪经》之类的戒经，因此，将他视为南海大乘戒坛创始人是合适的。而跋陀罗是精通《杂心》乃至《华严》等的学者，没有成为戒坛创始者的因缘。而《景德录》之后的文献将跋陀罗视为戒坛创始者，可能是因为他是《楞伽经》的译者吧。《楞伽经》据说是菩提达摩付嘱慧可的，对于禅家来说，十分重要。这应该是求那跋摩之说容易转化为求那跋陀罗之说的原因。而从研究角度上看，无论哪一个观点都难以得到肯定。

（二）关于坛畔手植菩提树者，原本为梁末（556）真谛三藏，因此，后一百二十年之记与慧能削发的仪凤元年（676）相符合；而《外纪》提出梁初（502）智药三藏之说后，或取后一百六十年之说，或取后一百七十年之说，其后诸书皆跟从《外纪》。智药三藏之名，除《外纪》以外，只出现于云门山大宝元年碑以及大宝七年碑中。在五代之前，没有一本书有其传。

憨山德清

德清为江苏省全椒人，系出金陵蔡氏。母洪氏，生平爱奉观音大士，初梦大士，携童子入门，母接而抱之，遂有娠。德清生于明嘉靖二十五年（1546），七岁有死生去来之疑。十二岁闻报恩寺主西林有大德，欲从之。父不听，母曰："养子从其志耳。"乃送之。时无极大师初讲经于寺。雪浪恩长德清一岁，先一年依西林出家，见德清而喜。时人云："江南讲法者，自无极大师始。少年出家者，自雪浪始。"十七岁，讲《四书》，读《易》及古文。十九岁，见栖霞山云谷大师，决志披剃，尽弃以前所习，专意参究一事，未得其要。乃专心念佛。时遇无极大师于本寺讲《华严玄悬》，德清从受具戒，听无极大师讲十玄门，恍然了悟无尽法界之旨，切慕为清凉之人，因自号澄印。德清二十一岁时，本寺有火灾，德清与雪浪决志兴复，立志修行养道。二十六岁，同雪浪共游庐山，至青原，见寺废，起志兴复。二十八岁，游五台，见北台憨山奇秀，取之为号。三十一岁时，遇莲池大师游五台，数日对谈，心甚契。是年发悟后，无人请益，了得《楞伽》旨趣。不久，罹禅病，闭门坐了五日，其后心空境寂，其乐无喻。住台八年，三十八岁时，五台虚声，难以久居。遂退于东海牢山那罗延窟，始易号为憨山。四十一岁，蒙圣母之恩，兹创海印寺。时达观禅师有刻藏之志，远访憨山于东海，取臂而谈，三年后，刻方册大藏经。四十七岁，至京访达观禅师于上方寺，两人一同过石经山，为作琬公塔院记和重藏舍利记。琬公乃隋代护法僧净琬，曾刻石经藏于石室。其塔院为僧所卖，达观赎之，请憨山作记。在石经山，两人因思禅门寥落、源头曹溪必壅阏，乃立志欲往而濬之。德清五十岁时，达观先往，在庐山天池寺俟憨山；而憨山遭遇枉难，不得同行。五十一岁，度大庾岭，入曹溪，见祖庭凋弊，凄然而去，抵五羊。五十五岁，被迎入曹溪。其后，全身心孜孜考虑复兴。六十三岁，修大殿以完成复兴之业。六十九岁，游德山。七十岁，游南岳。七十一岁，游庐山，至黄梅，登九华。七十二岁，游西湖，重返庐山，于五乳峰下创一堂，称法云寺，为十方养老常住。憨山离开曹溪，游南岳，住庐山，过八年后，曹溪众僧切请其归。为此，七十七岁，再入曹溪。七十八岁，天启三年（1623），于曹溪禅堂示寂。根据菩萨戒弟子刘起相所写的《本师憨山大和尚灵龛还曹溪供奉始末》，此时，五乳眷属、知微善公，欲迎灵龛还庐，于龛前拈阄，三拈皆得留字，故远近捐赀崇建塔院。然善公跟从憨山，历经患难九死，孝诚笃挚之志不得夺之。至天启五年，强迎归庐。至崇祯十三年，瑞州推官起相，入山扫塔，始知之，言憨山一生精神，一半在于曹溪，故募同志，遂再迎灵龛于曹溪，开龛加漆布。起相乃以前与堂主本昂等人一起坚请憨山自五乳南还之人也。开龛记事写道：

有宋总戎纪者，语僧远苍曰，大师名喧宇宙，岂同余人，金刚之体，保无缺漏，请开瞻礼。于四月廿八，集众拈阄许开，开则道骨如生，俨然端坐，不倾不倚，发甲皆长，衣服鲜洁，白绫坐褥，无半点瑕，数珠绒串若新。大众欢呼，归命顶礼，观者如堵。后数日，前吏部尚书李公日宣，韶府黄公锟者，入山随喜，共作证明。始信肉身大士，应缘度世，前有大鉴，今有本师。

十月初十日，漆布升座。（图46、图47）

有关憨山的文献，有《自序年谱实录》二卷。其中，最后一年的记录，由弟子钱谦益补写。此外，还有弟子吴应宾撰写的《大明庐山五乳峰法云禅寺前中兴曹溪嗣法憨山大师塔铭》和陆君启撰写的《憨山大师传》等。这些都收入《梦游全集》之中。憨山著作颇丰，有《楞伽笔记》《华严纲要》《楞伽严镜》《法华击节》《楞伽法华通议》《起信唯识解》若干卷，《观老庄影响论》《道德经解》《大学中庸直指》《春秋左氏心法》《梦游集》《曹溪通志》等。由此可知，其识兼通内外，并以《华严》的法界观为中心。其前辈有云谷法会和莲池大师云栖，同友有紫柏达观和雪浪恩，后辈有密云圆悟。际会明代佛教再兴之时运，憨山是在其中占据重要位置的禅师，以其儒道佛一贯的体验理论，站在时代最前沿指导着当时的学界。《大日本续藏经》收录了他撰写的《金刚经决疑》一卷、《圆觉经直解》二卷、《楞严经悬镜》一卷、同《通议提纲略科》一卷、同《通议》十卷、《楞伽补遗》一卷、《法华击节》一卷、《梦游全集》五十五卷等，《梦游全集》收录了《大学决疑》《观老庄影响论》《道德经发题》。《紫柏尊者全集》二十九卷，由其披阅而成。

曹溪 | 南华寺

南华寺在韶州南方六十里的曹溪。其草创缘起，在《坛经》附录中的《六祖大师缘起外纪》、《憨山老人梦游集》卷五十、《曹溪中兴录》与《曹溪通志》中有所记载。综合这些记录，我们可以对南华寺作如下叙述:魏武帝后裔曹叔良避地居此，以姓名村。河水自东绕山，经村而下。水源发自狗耳岭，西流二十里，过曹溪村，盘绕寺门，折而北流，又折向东，与算溪合流。梁天监元年，有梵僧智药三藏，自西天航海而来，至五羊法性寺，以所携菩提树一株，植于戒坛之畔并有豫谶。其后，至北方曹溪口，掬水饮之，香味异常，谓其徒曰:“此水与西天之水无异，源上必有胜地，堪为兰若。”乃溯流穷源，四顾山水回环，见峰峦奇秀，叹曰:“宛如西天宝林山也。”因谓曹溪村居民曰:“可于此山建一梵刹。一百七十年后，当有无上法宝，于此演化，得道者如林，宜号宝林。”时韶州牧侯敬中，以其言具表奏闻。上认可其请，赐额曰“宝林”，至梁天监三年戌申，梵宫落成。此开山之始也。隋末，寺罹兵火，遂废。至唐代龙朔间，有新州卢道者，得黄梅衣钵，号为六祖，回到曹溪。时宝林已废，有尼僧名无尽藏者，见六祖，问《涅槃经》之义，知是异人，乃白其父兄，重修宝林，延行者居之。未几，有人欲害行者，行者遂避难于怀会（怀集、四会），隐身于猎队之中一十六年（《坛经》《梦游集》写为十五年）。仪凤元年，行者于法性寺剃发，次年辞众，复归宝林，直至曹溪。此即六祖慧能。自天监元年至仪凤元年，有一百七十五年，故应了智药三藏之豫谶。时荆州通应律师与学者数百人依师而住。慧能观宝林堂宇湫隘，不足容众，欲广之，遂谒里人陈亚仙曰:“老僧欲就檀越求坐具之地，得不？”仙曰:“和尚坐具几许阔？”能出坐具示之，亚仙唯然。能以坐具一展，尽罩曹溪四境，四天王现身，坐镇四方。今寺境有天王岭，因兹而名。此时，仙曰:“知和尚法力广大。但吾高祖坟墓并坐此地。他日造塔时，幸望存留。余愿尽舍，永为宝坊。然此山形乃生龙白象来脉，他日兴造，只可平天，不可平地。”寺之营建，一依其言。能游境内，山水胜处，辄憩止，遂成兰若一十三所。此山自六祖开创已来，四天王内，周环数十里为一兰若，其间并无民居。其山形风气完密，观少林以下，诸祖道场，未有如此胜者。这样，六祖于曹溪宝林道场大开东山之道。神龙元年，中宗召之，六祖不出山，故敕为“中兴寺”。二年（或三年）十一月，赐额改为“法泉寺”，新州旧居为“国恩寺”。先天二年，六祖寂于国恩寺，迁神龛还曹溪，明年入塔，奏闻，刺史韦据奉敕撰写碑文。宪宗元和七年，赐谥“大鉴禅师”，塔曰“元和灵照”。南华之名乃宋代开宝三年太祖皇帝所赐。因四年兵乱，祖庙遂归煨烬。而真身为守塔僧保护，一无受损。太宗即位，太平兴国元年，下诏新修祖塔七层，塔名“太平兴国之塔”。

至明初，开阡陌，而环山之内，皆为田畴。僧以务农为本业，植树养畜，不异俗人。然从来未有民居。及弘治、正德年间，四方流棍，渐集于山中，始以佣

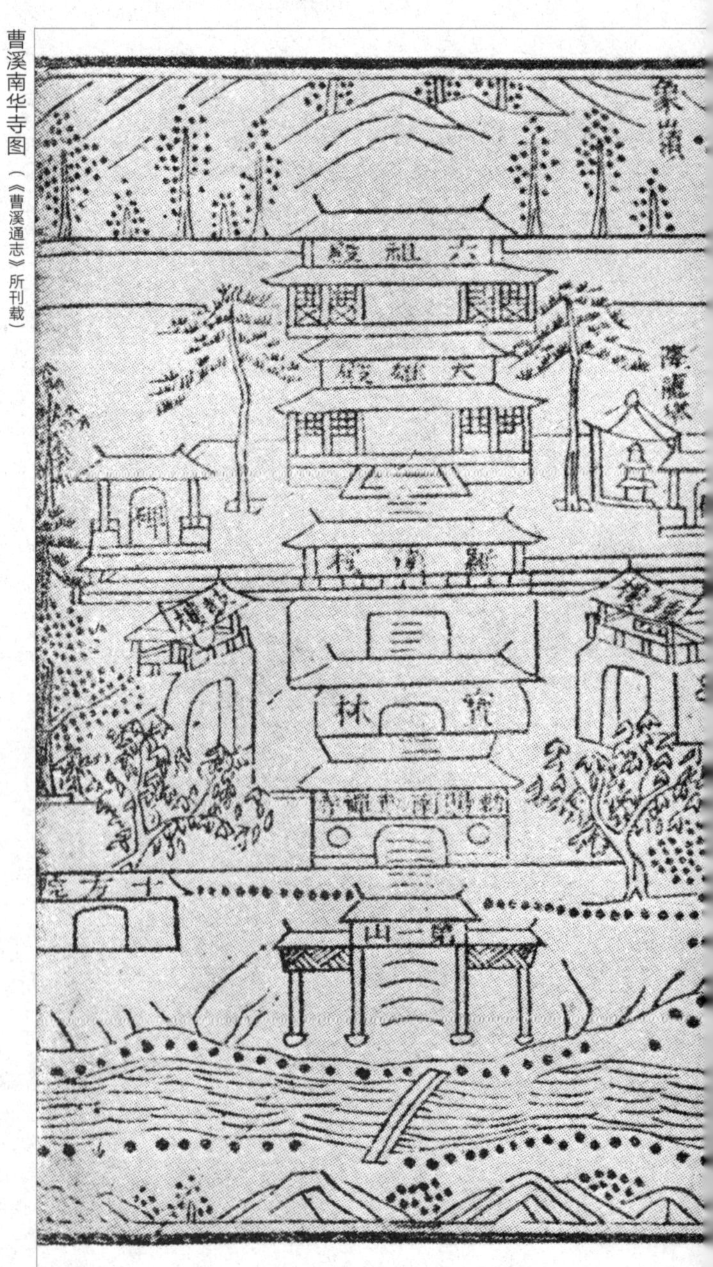

曹溪南华寺图（《曹溪通志》所刊载）

赁，次借资于僧，开张市肆，永住于此。僧亦舍寺而住庄庵。山门日空，流棍日集。祖庭凋弊，不堪之甚。万历二十四年，过此地而呼叫救之急矣者，乃憨山德清也。德清二十八年入山，以祖庭为中心，八年之间，完成重修大功。南华寺之所以有今日，完全是因为有憨山的再兴功劳。他是怎样为再兴赌上身家性命的，详见万历四十一年憨山于中兴曹溪宝林禅堂书写的《曹溪中兴录》。

《曹溪通志》记载道：陈亚仟祠在曹溪门之左。书中以图表示了出来。六祖塔后的墓是陈亚仟祖墓。《曹溪通志》记载了有关明代憨山德清再兴曹溪一事。本文引证的内容来自于东洋文库所藏的康熙十一年《重修曹溪通志》八册本。笔者往访此地时，亲眼见到了六祖塔后的亚仙祖墓，而对于曹溪门左的陈亚仟祠，当时不知道，而且也没有多余的时间去考察。现在回顾此事，颇感遗憾。至于《曹溪通志》，《通志》记载余大成撰写的《苏程庵碑记铭并序》中有这样的语句："以憨大师所定曹溪志，后之人多随意续入，不无杂沓。"我们由此可以知道，重修本一点点地加入了各种杂沓的内容。

南华寺现在（1928 年 12 月 23 日）的建置如南华寺伽蓝配置图所示。

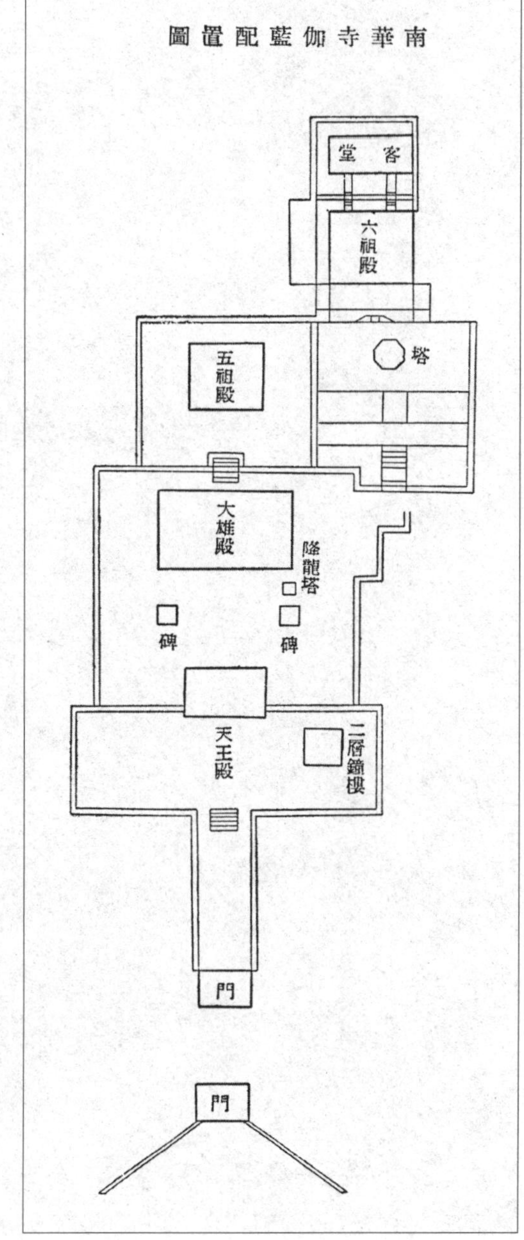

南华寺伽蓝配置图

第一门（匾额上写"曹溪"） 明代嘉靖二十四年修。旧基石另存别处（图37）。有清代宣统三年修建南华寺头门并千佛楼记。

图37・南华寺・第一门・额（曹溪）

第二门（匾额上写“宝林”）

明代嘉靖十三年修。旧基石另存别处。匾额为光绪二年之物（图38）。有万历修治的记碑。

图 38-2 · 南华寺 · 第二门 · 额（宝林）（1918年拍摄）

图 38-1 · 南华寺 · 第二门额(宝林)

第三门（匾额上写“罗汉楼”）

另有罗汉门、千佛楼之名。这是天王殿。台阶下中央有弥勒与韦陀天，互为表里。左右两侧有四天王。楼上有木雕五百罗汉（图39）。

钟楼

悬挂着直径为六尺许的大钟。有清康熙丁未（六年）重修的记碑。

图 39 · 南华寺 · 罗汉门

闻思脩

图 40 · 南华寺 · 大雄宝殿

大雄宝殿 其规模与曹溪的名声相符。屋顶为歇山顶，斗拱是平身科出三跳，翘作成弧状。远远望去，平身科斗拱宛如瑞云蓬勃之状。匾额是乾隆年间之物。有两三面民国八、九年的匾额，是由岑春煊、莫荣新、沈鸿英等督军书写的。殿内以三尊佛为中心，中尊左右有罗汉，三尊左右有观音。左右两侧有十六罗汉，加上两尊，共十八尊，这是一般常见的形式。内有宋钟。有清康熙二年修之记和光绪二年修之记。

大殿左方前庭有降龙塔，左右有碑阁。殿庭有老树，枝叶四布，几乎遮住半空。这是这座大殿的特别之处，是其他地方的大殿无法企及的。大树盘根错节，枝叶茂密，蔓毛缠绕。这个几百年来的古物，恰如灵物一般（图 40、图 41）。

大雄寶

图41 · 南华寺 · 大雄宝殿、降龙塔阁与碑阁

降龙塔

在大殿左方前庭处。《法宝坛经》附录中的《六祖大师缘起外纪》里有关于该塔的记载:宝林寺殿落成于梁天监三年。殿前有潭一所,龙常出没其间,触绕林木。一日,龙现形,甚巨,波浪汹涌,云雾阴翳,徒众皆惧。慧能叱之曰:“你只能现大身,不能现小身。若为神龙,当能变化,以小现大,以大现小也”。其龙忽没,俄顷复现小身,跃出潭面。慧能展钵试之,曰:“你且不敢入老僧钵盂里。”龙乃游扬至前。慧能以钵舀之,持钵堂上,与龙说法,龙遂蜕骨而去。其骨长可七寸,首尾角足皆具,留传寺门。慧能后以土石堙其潭。今殿前左侧有铁塔镇处是也。云云。

以上为《外纪》所记载的内容。虽然上述内容由六祖门人法海等集录而成,但元代宗宝等人编写之际一定有扩充。《曹溪通志》卷一记载道:六祖镇龙,立塔于其迹,元至正己卯,寺罹兵火,龙骨遂失。至正无己卯,这可能是至元己卯之误。现存铁塔为四面五层,高丈余,一半在地平线下,四面铸着千佛。其形式完全模仿光孝寺的南汉铁塔。铸造在塔身上的重修宝塔铭上写着“雍正五年丁未岁立”。由此可知,这是清朝的作品(图42)。

图42-1·南华寺·降龙塔阁

图 42-2・南华寺・降龙塔

图43・南华寺・五祖殿与八角五层六祖塔

五祖殿

在大雄宝殿背后。屋顶为歇山顶，斗拱为平身科出三跳，这些都与大殿相同。匾额为清嘉庆十年乙丑之物。殿内以达摩为中心，左右各二祖，中间悬挂着宋钟（图43）。

法面明心見性無殊東魯淵源

图 44・南华寺・六祖殿

六祖殿

在宝塔背后，周围有墙壁围着，上有『祖殿』之额。殿为双层。下层屋顶大梁端部有装饰物，笔者不知道它如何命名。橱子上有『内部敕封南宗六祖』的文字。橱子内有六祖肉身像，平素扉门紧闭。殿内庄严，唯有此堂香火不绝。左右两侧有二十二天小像（图 44）。

六祖真身加有漆布。此事在传记中有记载。真身存放于龛中。四时供养不绝的原因就在这里（图45）。

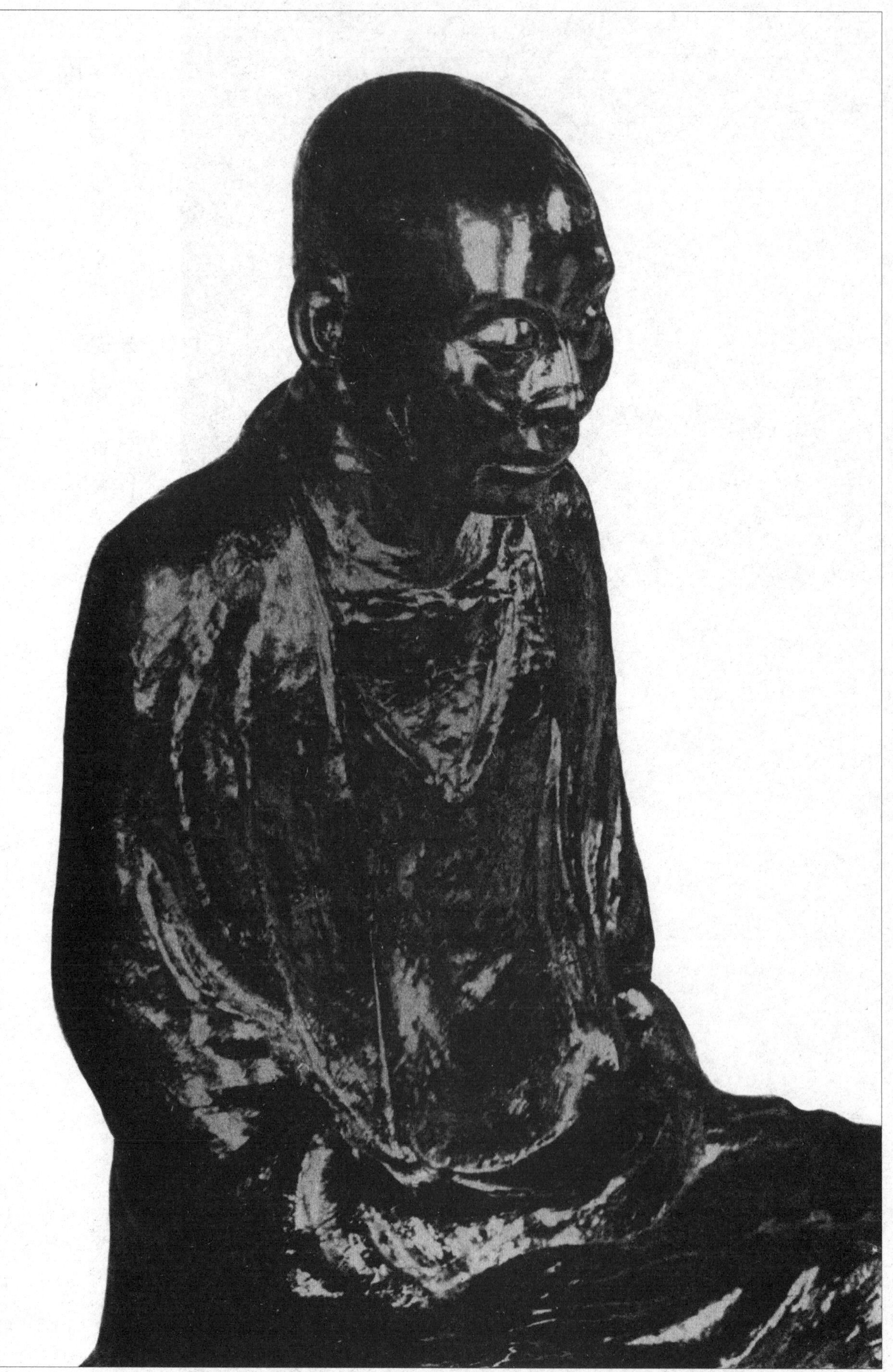

图45-1・南华寺・六祖真身像

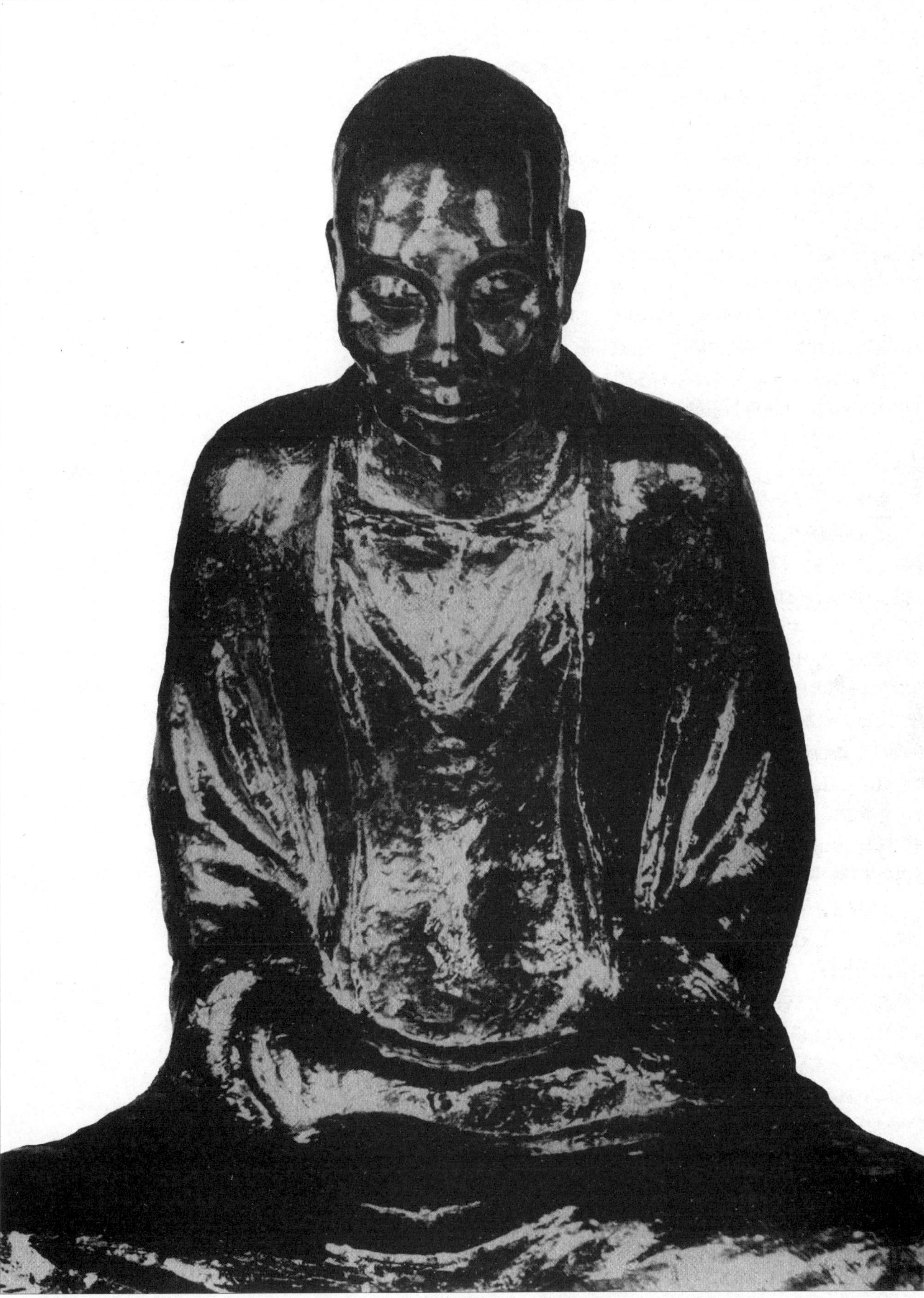

图 45-2 · 南华寺 · 六祖真身像

《曹溪通志》的南华寺图中稍微有误。它将两层楼的六祖殿画在大雄宝殿背后，将六祖旧殿画在宝塔背后。图肯定画错了。准确的图应该是:大雄宝殿背后有六祖旧殿（也就是现在的五祖殿），宝塔背后有两层楼的六祖殿。这才符合现在的建置。《通志》叙述祖师殿时写道:“（祖师殿）在大殿后，原藏经阁地，平藩新建，其壮丽庄严，视佛殿所存，库法宝有。”表明六祖殿（现在的五祖殿）在大殿之后。此时，藏经阁已被移至宝塔后。当时的藏经阁肯定是现在的六祖殿。藏经阁为两层楼，这大体合乎中国寺院的常例。而平藩新建的六祖殿（现在的五祖殿）被认为是壮丽庄严的佛殿一事，从图中可以得到确认。这两层楼成为六祖殿的缘由，在以后的《憨山大师记》中有记载。此楼本来是藏衣钵的信具楼，六祖真身从塔里移来时，才被称为祖殿。这件事发生于明成化年间。由此可知，《通志》图中是有错误的。

宝塔

在五祖殿左侧、六祖殿前面，是八面五层的砖建筑（图43）。第一层安放着憨山德清的肉身像，有明代万历八年重修的记碑。《曹溪通志》卷一记载道:“憨山大师塔院，在寺左天峙冈，去寺二里，建于天启三年。”当时，大师肉身安置其中。这是毫无疑问的。开元元年，六祖入寂;翌年，奉于塔内;元和七年，赐谥大鉴禅师，塔名“元和灵照”;宋太平兴国元年（976）诏新师塔，为七层。塔号“太平兴国”，其后几经变迁。明成化十三年（1477）重建，有僧道深之记。这就是现在的宝塔。正德十一年（1516），住持僧智汉修之，嘉靖二十七年（1548）重修，清顺治戊子（五年，1648）重修。这些事情在《曹溪通志》中有记载。还有，万历四十四年（1616）重修荒废已久的祖塔，现存于寺中的《重修六祖禅师塔记》对此事有记载，重修确实太晚了。有关六祖塔，憨山大师在《曹溪中兴录·培祖龙以完风气》里写道:“六祖入灭，所存肉身，初即建木塔于墓前以安供。墓后建信具楼，以藏衣钵。至我明成化间，有僧某者，去木塔，易之以砖，其中阴湿。未几，祖现梦于郡守，乞一安居，守命改信具楼为祖殿。其空塔在前，返为胸中垒由矣。”云云。据此可知，唐宋元代时，该塔是木制的;至明成化年间，才成为砖塔。从这里还可以知道六祖真身由祖塔移至祖殿的缘由。祖塔现在成为胸中垒由的空塔。憨山大师真身安置于此，是因为他有重兴的功绩，与六祖有相及之处。其肉身加漆布之事，出现于传记（图46、图47）。除六祖及憨山两尊肉身之外，寺内还有丹田禅师的肉身像（图48-1）。

图46・南华寺・憨山大师真身像龛

图 47-1 · 南华寺 · 龛内憨山大师真身像

图 47-2・南华寺・憨山大师真身像

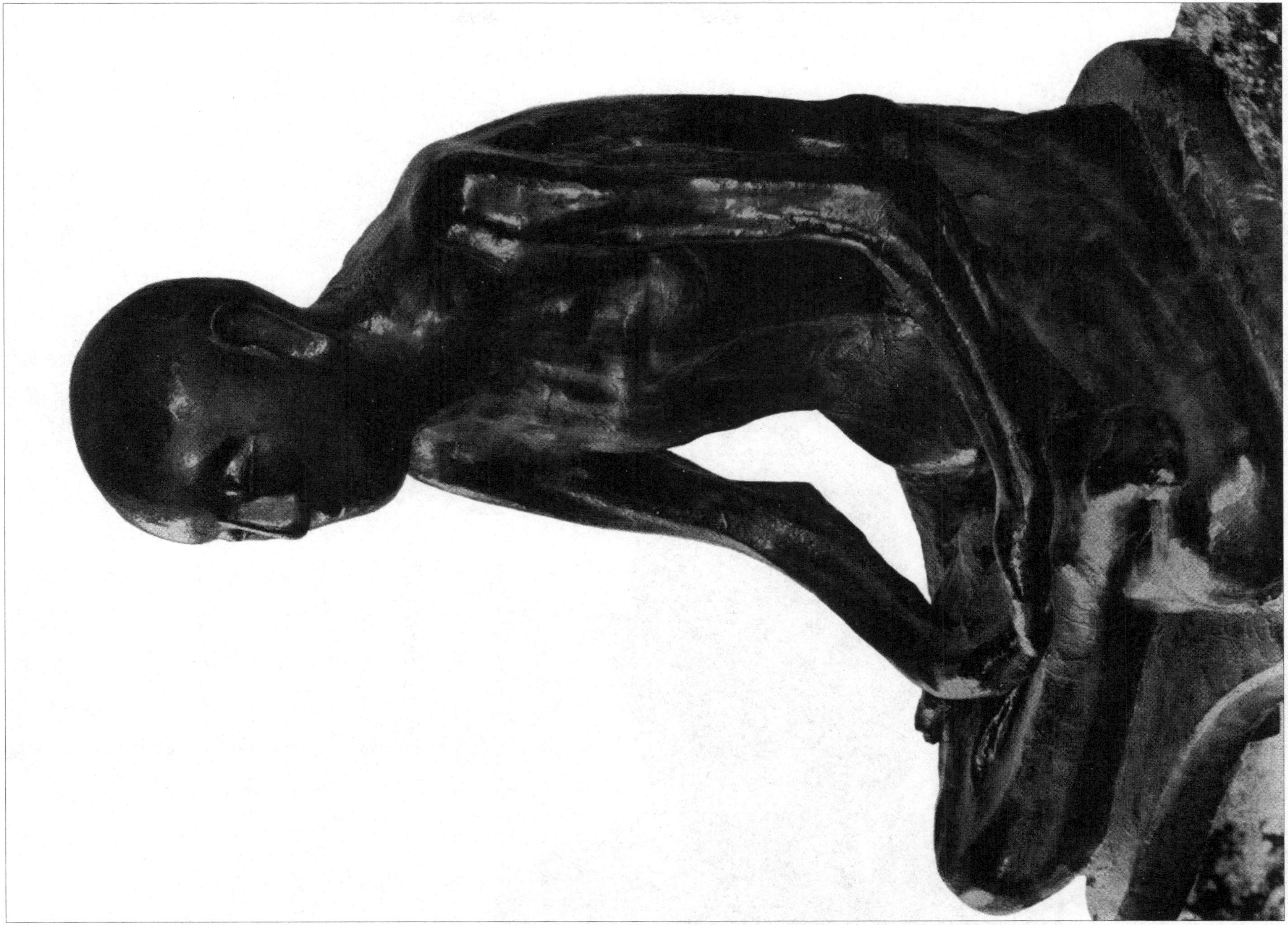

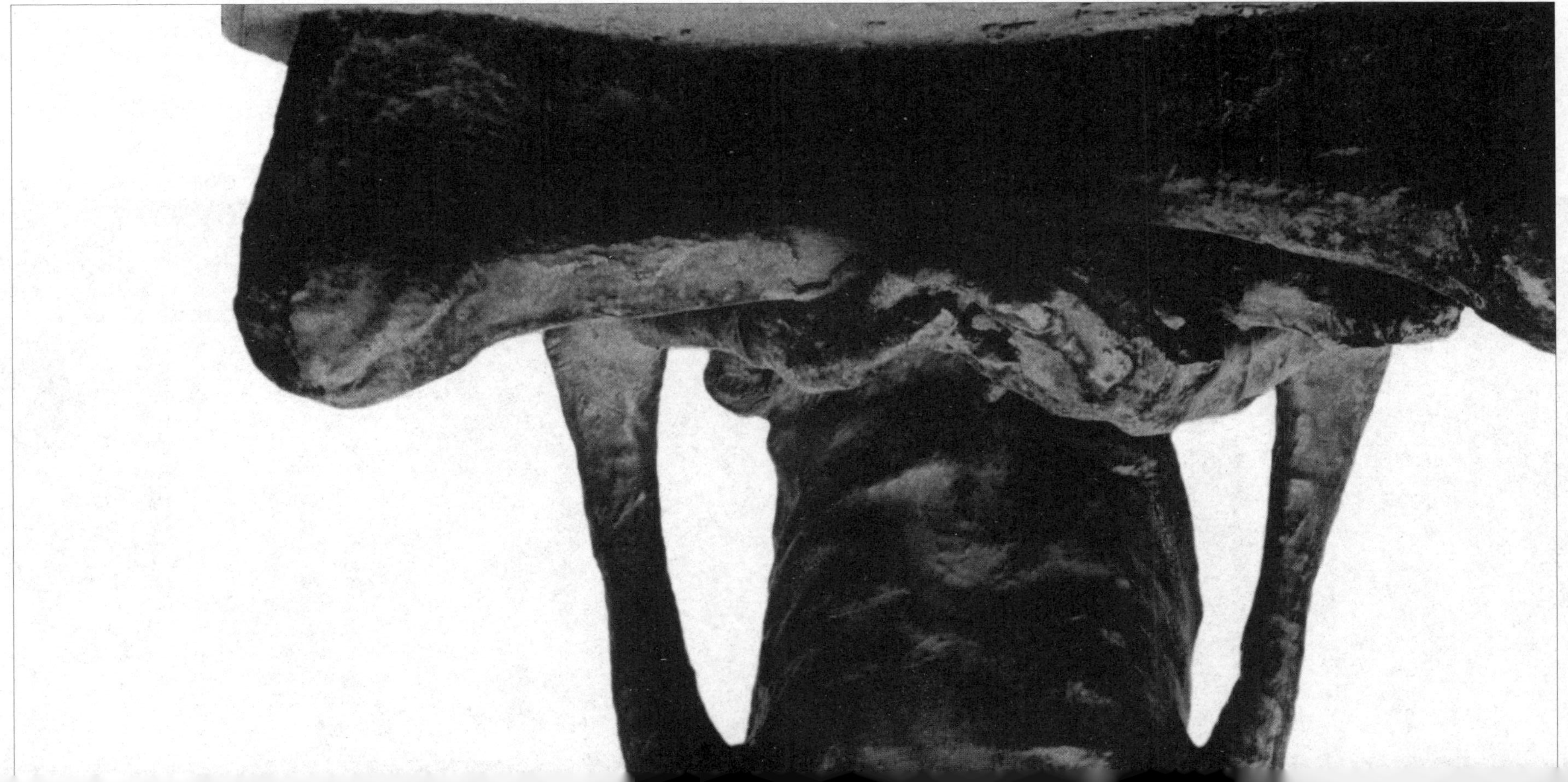

图 48-1・南华寺・丹田禅师肉身像

御碑亭

在塔前的回廊，亭内众碑群立。

客堂

六祖殿后方有别廓。入门右侧有客堂，堂内安放着六祖像碑，门侧墙壁嵌入明碑。知客寮、监院室等并排而建。

六祖像碑堂

堂里安放着六祖像碑，碑由阿育王山德光建于宋淳熙十五年。上有如下赞文。

南华僧了晖持

大鉴祖师遗像赞。且题镌石、流传不朽云。

淳熙戊申仲朔。住阿育王山第十八世法孙比丘德光稽首。

非风幡动露全机。千古丛林起是非。咄这新州卖薪汉。得便宜是落便□。（图49）

图49-1・南华寺・六祖像碑

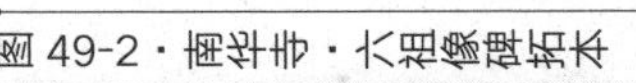

图 49-2 · 南华寺 · 六祖像碑拓本

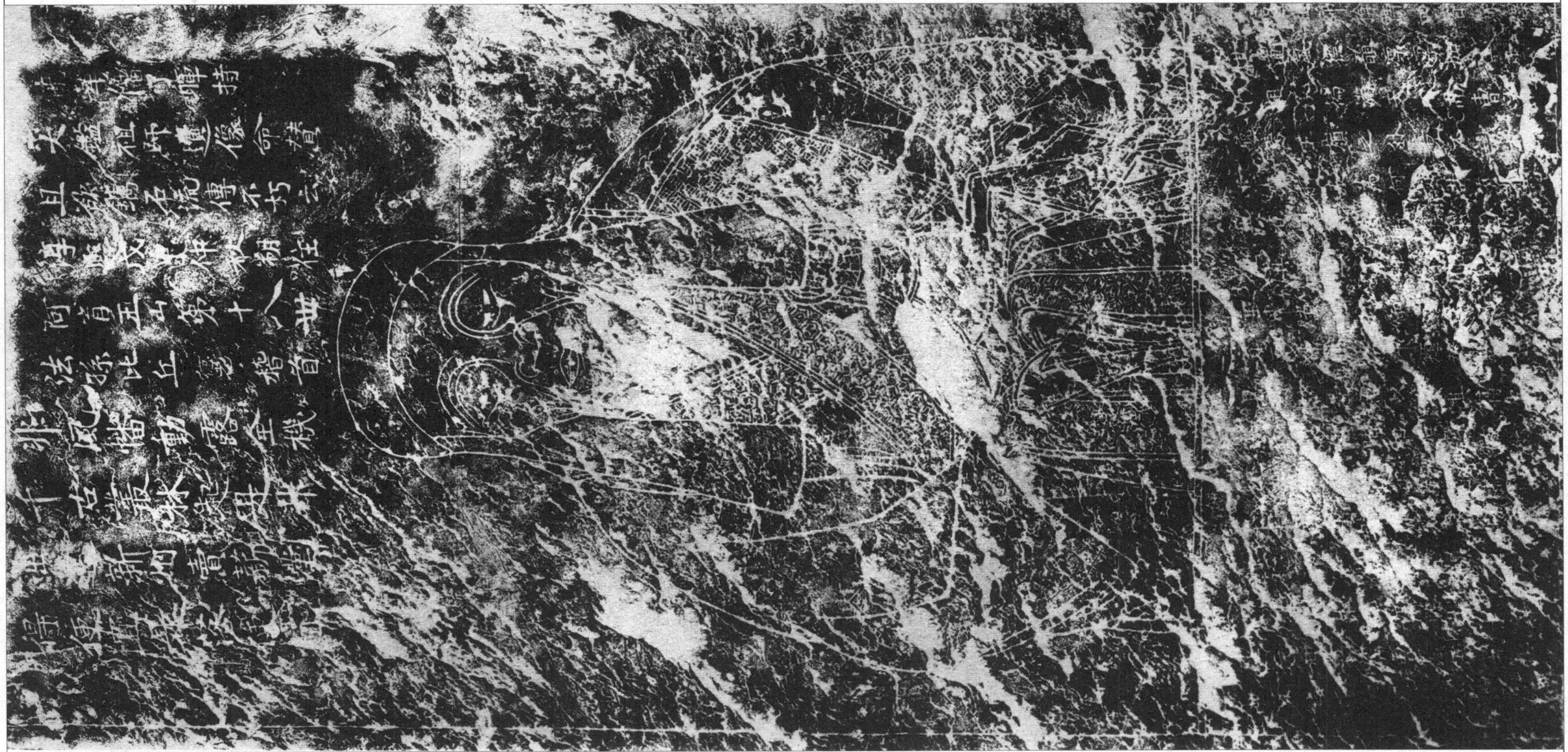

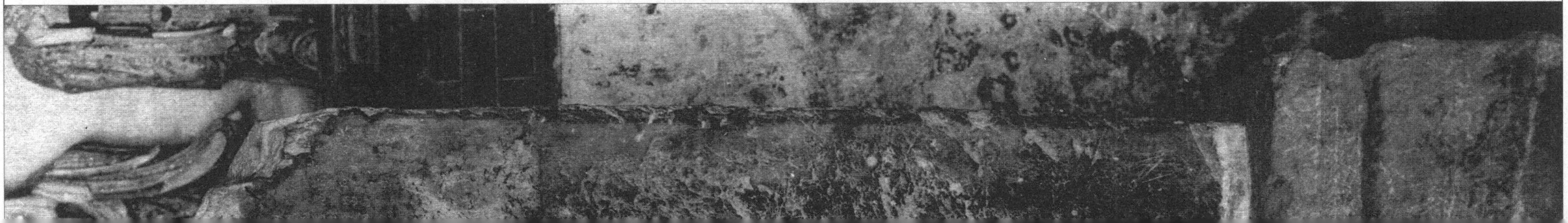

库房

在六祖殿右方。

陈亚仟祖墓塔

在祖塔背后。陈亚仟将曹溪之地施与六祖。其祖墓规模虽隘小，却令人对它产生一种难以言状的情感。

卓锡泉

在南华寺后一里许处。泉水涌出，以亭覆之，有碑记。《曹溪通志》卷一记载道："(慧能)欲浣所授衣，苦无美泉，因见寺后山林郁茂、瑞气盘旋，师振锡卓地，泉应手而出。"故有此名。泉水至今仍在流溢，其味香美，非常适合沏茶。关于此泉，有宋代东坡之铭。明代憨山大师写有《重修卓锡泉洗心亭铭并序》。据说，大师示寂于曹溪后，其龛为强者移至庐山时，泉水忽竭，及至其龛再次还山，溢流如故。此事在憨山的菩萨戒弟子刘起相写的《本师憨山大和尚灵龛还曹溪供奉始末》里有记载，其内容如下：

先是卓锡泉久竭，郡侯黄公，留心法门，百方搜剔。比灵龛既启，泉则自涌，应若影响。岂偶然也。

至崇祯癸未(十六年)，泉水又竭。至甲申(顺治元年)之岁，吉水李公日宣偶然入山礼祖，率众祷之，水复流。公写有诗并记。民国七年，山井格太郎访此地，拍了照相，而照片中没有覆泉之亭。翌年，森清太郎访此地时，据说有亭。这必定是李根源将军修加的。将军于民国六、七年左右，住于寺内，对许多地方加以修治。现在，寺内有加彩的新色，据说就是当时的修治。大殿前有碑，碑中记录着将军修治之事，而笔者无暇对这件事进行调查，至今深感遗憾。我们从图 50-1、图 50-2 中可以看出其变化。

图 50-1·南华寺·卓锡泉(1918年拍摄)

图 50-2 · 南华寺 · 卓锡泉(1931年拍摄)

碑记

有关南华寺的碑记铭文数量很多。

（1）御制六祖法宝坛经序　明嘉靖廿一年立

（2）重修六祖禅师塔记　明万历四十五年立

（3）大鉴祖师遗像铭赞　宋淳熙十五年立

（4）施地檀越主陈亚仟祖墓并记

（5）六祖能禅师碑铭并序　唐王维（佚）

（6）曹溪第六祖赐谥大鉴禅师碑并序　唐柳宗元（佚）

（7）大唐曹溪第六祖大鉴禅师第二碑并序　唐刘禹锡（佚）

五、六、七三碑都在《曹溪通志》和《广东通志·金石略》中有刊载。后两者在《坛经》附录里也有刊载。

（8）卓锡泉铭并序　宋苏轼

（9）书柳子厚大鉴禅师碑后跋　苏轼

（10）论六祖坛经　苏轼

（11）书南华长老辩师逸事　苏轼

苏东坡的这四文在《曹溪通志》中有刊载。

在这几种碑记中，笔者拓到了前面的三个碑记。第一个碑记是明宪宗皇帝御制的，因此是寺门最加以尊重之物；第二个碑记是关于事祖塔的，在时间上与憨山大师的重兴大致一前一后，因此颇引人感兴趣；第三个碑记如上所述。

重修六祖禅师塔记

六祖塔前方稍微向下的地方有一碑。碑上刻着《重修六祖禅师塔记》，下边的文字多有剥落，看不清楚。《塔记》由进士黄公辅撰写，额出自许穆、书出自王安舜之笔。《塔记》写道："万历丁己（四十五年，1617）仲春，撰者适取道曹溪，过南华寺。此时，六祖塔久已荒废，弃置一旁。韶州府理刑许公与住持道宣发愿起行，于丙辰之年（四十四年）举重修之实。为了将此盛举传于后世，纳道宣之请，提笔写成。"根据《塔记》，塔为先天年间之物，塔内灵镇六祖真身，赐"中有宝塔"之额，以后，宪宗元和七年，谥号"大鉴禅师"，塔称"元和灵照"。宋太宗加谥，赐为"大鉴真空禅师"，塔云"太平兴国之塔"。现在重修的时间是明万历丙辰（四十四年），碑于翌年四十五年丁己季春由道宣建立。

憨山大师在五十一岁时至曹溪，见祖庭凋落，凄然而去。憨山至五羊的时间为万历二十四年，入曹溪成为住持的时间为二十八年，而后，至三十六年共八年时间重修祖殿，修大殿。祖塔由道宣重修。这是憨山去世以后八年之事。

御制六祖坛经法宝序（图51-1）

序写道："没后，其徒会其言，传为坛经法宝。"这是将《法宝坛经》看作六祖慧能的语录。序于明成化二十一年（1485）十一月朔日、由宪宗皇帝御制，刻于一块黑色大理石的碑上。碑现在在南华寺六祖殿后方，嵌入与客堂之间的墙壁中。碑的由来，从左下细字中可以看出："韶州知府符锡一日游于曹溪，首僧有悟全者，请锡以大书御制之序。锡因谨志之，遂刻于石。时明嘉靖二十一年（1542）夏。"序中内容，正是儒佛一致的思想，佛以明心见性为宗，恰与儒教的所谓以诚明天道为旨相同。这正合殊路同归的说法。

南华寺藏古钟

南华寺有四大巨钟。

一、有南汉大宝七年（964）之铭，在大雄宝殿里。直径四尺许。根据《广东通志·金石略》卷二〇四、《韶州府志》卷四十，该钟为大宝七年铸造，施纳于广州长寿寺（六榕寺），大宝十一年（968）移入法明寺，而后，由法明寺转入南华寺。《广东通志》卷二百零五所说的"宋开宝九年款"，是被加在钟上的文字。据此可知，此钟为敕赐之物。

二、有元丰二年之铭，在五祖殿内。

钟铭写道：

大宋韶州岑水银铜场大街住止清佛弟子钟顺，特发心诚，抽拾净财贰拾贰贯文，赎造大钟□宝林南华禅寺僧堂前，永充供养，祈福意者，保扶在堂父母，各增算寿，国家清安。

元丰二年己未孟秋

三、有元丰五年之铭。根据《广东通志·金石略》卷二〇八，由信州铅山县邵智高铸造。

四、有乾道三年之铭。根据《广东通志·金石略》卷二一一，由寺僧奉宁所募铸。

《志》说该文不雅驯，故不登载。

五、《广东通志》里还记载有乾道年间的铜炉。据说这是游智文铸造的，有寺僧奉宁写的题。

图 51-1 · 南华寺 · 御制六祖坛经法宝序碑拓本

寺宝

根据《寺志》，流传于千古名刹的南华寺的宝物，属于祖师殿的，有如下这些：

传法信衣一袭	九条金镂，其缔乃白氎。这可能就是人们所说的屈眴布。
钵盂一个	魏提学使击碎，以金漆加固。仅露一片，约寸许。非铜铁瓦石。可能是四天王献于如来之物。
锡杖一枝	玛瑙珠数一串。
响鞋一双	以上三物由三宝太监所供。
坠腰石一块	原本在黄梅(湖北)，嘉靖间移至曹溪。有镌刻的款志。此物值得一考。
袈裟玉环二	又，白玉杯一，绿玉环一，金环一。皆上方所赐。
唐武则天敕书一道	梵书。有宝五颗半。天顺八年，慈济国师锁南岭占巴藏卜译。
元免差敕书一道	梵书。墨迹如新。天顺八年，慈济国师锁南岭占巴藏卜译。
金书孔雀经一部	元延佑四年下赐。现已不存。
金书法华经二部	明宣德年间施入。(其一部分现藏于六榕寺)
金书大字华严经一部	天顺年间下赐。
无尽灯一盏	成化年间下赐。

在这些宝物中，笔者最看重的是传法衣与敕书。传法衣上绣着千佛。这样的袈裟，若非六祖盛德，是不可能拥有的。则天武后所赐的摩衲白氎，有可能就是此物(图48-2)。有关武后敕书，下面还要说明。

有关敕书，《寺志》只举出两道，而仔细看的话，则可见到以下五卷都有历代敕赐文字。

(1)万岁通天敕书　　　　(2)元免差敕书

(3)明正统敕书　赐大藏谕　(4)(5)明天顺敕谕

在这当中，《寺志》中出现的敕书是(1)和(2)。关于(1)，《寺志》记载道："则天万岁通天元年，赐水晶钵盂、磨衲袈裟敕。"还写道："此敕原本为梵书，有宝五颗，墨迹现存，至明代天顺八年间，有西域梵僧来译之。"由此可见，这是前面提到的武后敕书。该敕书即《天册金轮圣神皇帝赐赉六祖大师诏》，其文如下：

师以道契无为，德光先圣。入大乘之顿教，表无相之真宗。既而名播十方，声誉四海。万机无恼，八识俱安。功超解脱之门，心证菩提之岸。朕以身居极位，事继繁煎。空披顶戴之诚，伫想醍醐之味。恨不超陪下位，侧奉聆音。倾求出离之源，高步妙峰之顶。师以宏扬之内，大济群生。横舟楫于苦海之中，救沉溺于爱河之岸。今遣中书舍人吴存颖，专持水晶钵盂一副、摩衲白氎两端、香茶五角、钱三百贯。前件微物，少申供养，以表朕之积诚。仍委韶州节加宣慰，安恤僧徒。勿使喧繁寺宇。

在神秀禅师的奏举下，武后欲迎六祖于京阙，六祖辞之，故有此敕赐。当时，下赐的摩衲白氎可能是上面提到的绣佛袈裟。《寺志》将武后敕书看作是梵书，认为天顺年间梵僧翻译了该敕书。事实恐怕与此相反。笔者认为，应该是天顺年间用梵语翻译(实际是用西藏文翻译)上述汉文诏敕。元免差敕书是延佑五年赐的护寺免差之敕书。这不是梵书，可能是蒙古文。

坠腰石，高一尺，宽二寸一分，刻有如下铭文。

龙朔元年　师坠腰石□卢居士志　桂林龚邦柱书

从一般所流传的六祖生活看的话，坠腰石具有极其重要的意义。但是，(1)该坠腰石上的文字没有这样的意义。(2)龙朔元年(661)与《宋传》《传灯》中的《六祖传》的内容不一致。六祖至黄梅的时间为咸亨二年(671)。(3)上面既写着"师坠腰石"，又写着"卢居士志"，这不成意义。卢居士应该是六祖出家以前所称的卢行者。卢行者自己写志，却又说"师坠腰石"，这是前后矛盾。(4)这样的坠腰石在黄梅东渐寺也有。前一年，笔者亲眼目睹过。这个事实与韶人自黄梅带回曹溪的传说相违背。现存于黄梅的坠腰石，方二尺许，涂丹，所刻的铭与南华寺之物不同，该铭如下所示：

龙朔元年

六祖坠腰石□默斋居士蒋之勒石

块石绳穿祖迹留，曹溪血汗此中收。应知一片东渐月，长照支那四百洲。

□□四祖远孙□□□□

坠腰石其实是根据《六祖传》里的记录"愿竭力抱石而舂，供众而已"而出现的，南华寺坠腰石之铭乃桂林龚邦柱所加，而黄梅坠腰石之铭可能是四祖远孙某法师所加的。龙朔元年是按照《坛经》写的，因此不必责怪书写的人。笔者只是由此认为这是禅宗文学的一个产物。

南华寺的堂塔伽蓝、碑钟和宝物大概如上所述。总而言之，南华寺背靠象岭，曹溪环绕寺域，寺的中心是祖塔，七堂伽蓝隐现于老树葱郁之间，其罕有匹俦之大观，真是一个天下福地(图51-2)。

南华名刹由于清康熙六年平藩的重修而大开生面，而如今似乎无人护持。它本身是一座名刹，又位于偏僻之地，因此能够躲开思想革命的魔手。但是，若这样一直下去的话，随着岁月的流逝，可能会让人为它哀叹沧桑的变化。

图51-2·南华寺·远景

图 48-2 · 南华寺 · 六祖传法袈裟的纹样

广东乳源

云门文偃

云门山因五代时有文偃而闻名遐迩。要谈云门山的话，首先需要知道文偃。文偃的传记，没出现在《宋高僧传》，而是出现于《景德传灯录》。该书引证了很多文偃的语录，而关于文偃的生活，几乎没有谈到。文偃在佛教史上占据重要位置，而其事迹在《高僧传》中被遗漏了，这大概是因为没有得到相关资料的缘故。书写僧传的基本资料是碑记。云门山有两个文偃的碑记，它们的存在一直到近世还完全不为一般世人所知。这大概是因为没有人来访问这个边陬之地的缘故。记载文偃传记的文献，没有一个是以两碑为基础的。两碑中的大宝七年碑被收录进近世撰修的《广东通志》和《韶州府志》里，而大宝元年碑却没有被任何文献所收录。《佛祖通载》似乎间接知道了大宝七年碑，而没有直接了解到碑文。现在，笔者得此两碑，可以根据它们写文偃之传。笔者私下引以为豪。因为作为文偃之传，再没有比其寂后九年及十五年所立的两碑更准确的资料，更何况再也没有其他东西可以加进去了。关于文偃在云门的生活，两碑几乎叙述同一事实。以下主要根据元年碑进行叙述，必要的话，再参照七年碑。

一、文偃生于苏州嘉兴郡。根据七年碑，其姓张氏。幼慕出尘，乃栖于嘉兴空王寺志澄律师下为童。及长落彩，具足于常州戒坛。后侍澄公讲数年，颇穷四分指归，乃辞澄，谒睦州道踪禅师。道踪乃黄蘖派，一室常闭，四壁唯空，或复接人，无容伫思。文偃卷舒得志，径往扣门。——七年碑以“关钥高险”一句评道踪禅师，上面记载道：“而往谒之，来去数月。”根据所加的内容，我们可知以下问答的意趣。——禅师问：“谁？”师曰：“文偃。”禅师关门云：“频频来作什么？”师云：“学人已事不明。”禅师云：“秦时镀轹钻。”以手托出闭门。文偃因是发明。又经数载，禅师以心机秘密，关钥弥坚。禅师知文偃终为法海要津，定作禅天朗月，因语偃云：“吾非汝师，莫住。”

二、文偃遂入闽，才登象骨，直奋鹏(程)，因造雪峰会，三礼欲施。雪峰乃云：“何得到么？”文偃不移丝发，重印全机，虽等截流，还同戴角。由是学徒千余，凡圣莫审。——七年碑谈道：雪峰一见文偃，颇形器重之色。还写道：肃穆之中，凡圣莫测。七年碑没有谈及雪峰的发语。

因有僧问雪峰云：“如何是触目不见道，运足焉知路？”峰云：“苍天。”僧不明，问文偃。文偃曰：“两斤麻，一段布。”僧后问于峰，峰云：“噫，我常疑个布纳。”偃于会里密契玄机，因是出会，遍谒诸山尊宿，颇有言句，世所闻之。后雪峰迁化，学徒乃问峰："佛法付谁？" 峰云："遇松偃处住。" 学徒莫知其机。偃者，文偃之名也。至今雪峰遗诫，不立尊宿。——七年碑记载道:文偃去雪峰会下前，乃于众中密传授。

三、辛未（后梁乾化元年,912，五十岁）至于曹溪，旋谒韶州灵树院故知圣大师（如敏）。——七年碑的注为"如敏长老。"——以心机相露，胶漆契（合）。岁在丁丑（乾亨元年,917），知圣一日召文偃及学徒曰："吾若灭后，必遇无上人为吾荼毗。" 至翌年戊寅，高祖天皇大帝巡狩韶石，幸于灵树，遇知圣迁化，果为爇之，塑形于方丈。时诏文偃入见，特恩赐紫。次年，敕赐文偃于本州开堂。文偃据知圣筵，说雪峰法，禅河汹涌，佛日辉华，道俗数千，问答响应。郡守何公希范礼足曰："弟子请益。" 文偃对答："目前无异草。" 有学人问："如何是本来心？" 文偃对答："举起分明。" 尔后爱恬默，奏乞移庵，敕允。癸未（乾亨七年,923，六十二岁），领学者开云门山，五载功成，殿宇房廊，邃壑幽泉，皆具。近三十年间，不减（千人）之众。师主师傅大德表奏院毕，赐"光泰禅院" 额及朱记。至戊戌岁（大有十一年,538，七十七岁），高祖诏入阙，亲问："如何是禅？" 师云："圣人有问，臣僧有对。" 帝曰："作么生对？" 师云："请陛下鉴臣前语。" 帝悦，宣下授偃左右街僧录。偃默而不对，复有宣下。左右曰："此师修行，已知蹊径，应不乐荣禄。"乃诏曰："放师归山，可乎？" 文偃欣然，三呼万岁。翌日，有所赐，回山，并加师号曰"匡真"。其后三十年，频降颂宣，繁不尽纪。

四、当今大圣文武玄德大明至道大广孝皇帝（七年碑写为"中宗文武光圣明孝皇帝"），诏偃入内，经月供养，大有所赐，并赐御制塔额，名为"宝光之塔" "瑞云之院"。

五、文偃自从示众，卓尔宗风，凡在应机。——七年碑记载:禅河浩淼，闻必惊人。——一时见众集久，乃云："汝若不会，三十年莫道不见老僧。" 时有三僧，一时出来礼足。偃云："三人一状。" 有问禅者，则云："正好辨。" 有问道者，则云："透出一字。" 有问祖师意者，则云："日里看山。" 有才跨门者，则以杖打之。有时示众云："直下无事，早是埋没也。" 文偃一坐道场三十余载，求法宝者，云来四表;得心印者，叶散诸山。有微恙，侍者奉汤时，文偃付碗子曰："第一是吾著便，第二是汝著便。" 亟修表以祝别皇王，遗诫曰："吾灭后，汝等弗可仿俗教之轚，着孝服，备丧车之礼。"付法于白云山实性大师志庠，已酉岁（乾和七年,949，八十八岁）顺世。诸山尊宿具威仪，道俗千数送浮图。依遗训塔于当山方丈内。在会参学小师守坚，始终荷赞，洞契无为;门人净本大师常宝等三十六人，深明佛性，雅得师宗也。在京弟子，报恩寺内供奉悟本大师常一、悟觉大师常省、超悟大师常荐（此后列举带常字的一百零八名）等七十余人，皆出自宫闱，素精道行，法侄内僧录六通大师道聪，洞容本门，尤精外学也。

六、以上建筑，建于大宝元年（958），即刘鋹即位之年。七年碑其后加入下述事实。这正是七年碑之所以建立的理由，故附记于此。"我皇帝（刘鋹）应天御极，大振尧风，中兴佛法。至大宝六年，有雄武军节度推官阮绍庄，于梦中见大师。以拂子招绍庄，云：'吾在塔多时。汝可言于秀华宫使特进李托，托他奏闻，为吾开塔。' 时李托在韶州，于诸山修建道场，闻斯梦，回京奏闻。于是降敕于韶州都监军府事梁延鄂等，往云门山开塔。法身如故，眼半合而珠光欲转，口微启而珂雪密排。鬅发复生，手足犹软。敕迎灵龛，入于大内，圣上亲临宝辇，重换法衣。后下制，赠大慈云匡圣宏明大师，升证真禅师为大觉禅师。文偃在灵龛内一月余日后，宣下李托，却回山门。有参学小师、双峰山广悟大师意欣、温门山感悟大师契本、云门山上足小师应悟大师常宝等，部署真身到阙，恩渥异常。上足门人常厚等四十余人，各各有师号者，散在诸方，在京小师悟明大师常一等六十余人，或典谋法教，或领袖沙门。”

七、元年碑由弟子李彦口、甘延规、邓怀忠建，由僧智任书；七年碑由李托、龚澄枢建，由意法大师行修书。

对照以上两碑的内容，可知云门寺初赐“光泰禅院”之号，然后称为证真禅寺，后来又称为大觉禅寺。两碑建于南汉末代王刘鋹时代。刘鋹曾于大宝十年铸造光孝寺东铁塔。建七年碑者之一的龚澄枢，于大宝六年铸造光孝寺西铁塔。另，迎灵龛入京的韶州都监梁延鄂曾助缘龚澄枢铸造铁塔。

《景德录》将睦州视为陈尊宿。毫无疑问，这是道踪之误。道踪只在元年碑中被记载为属于黄蘖派，其他一概不得而知。关于云门于韶州参究时谒见的灵树，《宋高僧传》卷第二十二称为后唐韶州灵树院如敏，而《景德录》卷第十一称为韶州灵树如敏。如敏乃闽人，跟从福州怡山大安，及刘氏称霸番禺，每被召应请，私署为知圣大师，四十余年，化岭表，颇有异迹，坐化于住院，由官供而龛塔。他称得上是促进南汉佛教兴隆的僧人。

附记——《韶州府志》卷三八引《舆地纪胜》记载道:宋代元祐八年赐号“觉化大师”。赐号“觉化大师”一事,《景德录》《佛祖通载》《佛祖统纪》均无记载，但《舆地纪胜》之说应该有一定的根据，故附记于此。此外，这里附带提及，关于高祖赐“匡真大师”之号一事,《释氏稽古略》将年代记载为戊申(948)，而根据大宝元年碑，当然应更正为戊戌(938)。又，关于迎真身入宫一事,《佛祖通载》将年代记载为乾德三年(965)。又,《释氏稽古略》将阮绍庄之梦的年代记载为乾德四年，而根据大宝七年碑，两者都应更正为大宝六年(963)。

云门文偃与南汉王家——闽越佛教，一概发源于雪峰义存。南汉佛教与云门文偃之间也有如此关系。唐代六祖慧能的感化，到了唐末南汉早已销声匿迹。当时，雪峰的法嗣云门受南汉王家信仰，并在其外护下于广韶地区大力弘扬宗风。王家刘氏与云门之间的关系，从云门山两碑中可见一端。大宝元年碑列举了一百一十一个弟子之名，并说有七十余人皆出自宫闱。云门与王家的关系，正表现于此。以下将王家谱系再次列举如下:

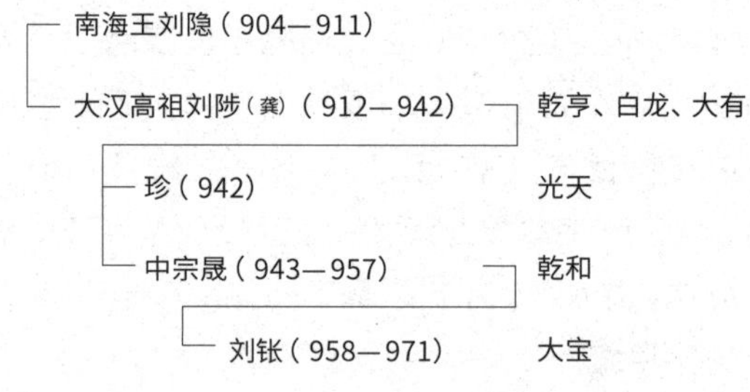

谱系图右边为南汉王家所用的年号，其中大宝年号见于云门山两碑及广州光孝寺两铁塔。文偃六十岁开云门山的时间为高祖刘龑乾亨七年，当时高祖赐额“光泰禅院”。大有十一年，文偃七十五岁，高祖召入阙，赐号“匡真大师”。中宗乾和七年，文偃八十七岁入寂。刘铱大宝元年及七年，立两碑。文偃入山以后的二十七年间，与他交流最多的是高祖，寂后与他有关联最多的是末代王刘铱。刘铱在大宝元年碑中，被称为“大圣文武玄德大明至道大广孝皇帝”；而在大宝七年碑中，被称为“睿圣文武隆德高明宏道大光孝皇帝”。这样的嘉称在《十国春秋》中没有出现。这是在刘铱活着的时候，其谥号尚不可能得到评议，因此如此称号也许是文学上随意赋予的尊称。在光孝寺两铁塔中，西塔于大宝六年由龚澄枢铸造，东塔于大宝十年由大汉皇帝刘铱铸造。据《宋史・本纪》记载，开宝四年，正值南汉灭亡，刘铱免死，柄臣龚澄枢、李托、薛崇誉三人被斩。这三个人的名字皆出现于云门山碑里。薛崇誉是元年碑的作者，而李托曾奏闻云门大师寂后奇瑞，与龚澄枢一同立七年碑。

大觉寺（云门寺）

大觉寺在广东省韶州乳源县内。乳源县位于粤汉铁路终点站曲江西北方向九十里处。从县城的东北方向，沿着左边的巍巍山岭，一直往前行走十三里，山前处有一寺。寺门（天王殿）悬挂着云门古寺的匾额。这里是云门宗祖文偃的旧道场。根据《广东通志》卷二二九和《韶州府志》卷二六的记载，旧道场五代时由文偃禅师所建；南汉时，初赐"光泰禅院"，次赐"证真禅寺"，后赐"大觉寺"；宋建中年间僧绍资、明洪武初僧了偈俱重修，咸化五年僧法浩重建。其后，几经变迁，现在的建置为清代之物。

关于云门山的现状（1928年12月26日），只有规模较小的天王殿、大雄殿、祖师殿和库房。有以民间信仰为对象的小祠，该祠利用了祖师殿左右回廊的一部分。现在的云门寺仅有狭窄一廓，其建置本身不值一提，但树木环绕四周，山岭怀抱寺院，实属匹俦罕有之地。正是这里的大自然才充分表现出云门大师的风格，填补了建置本身狭窄乏趣的不足（图52、图53）。

云门寺伽蓝配置图

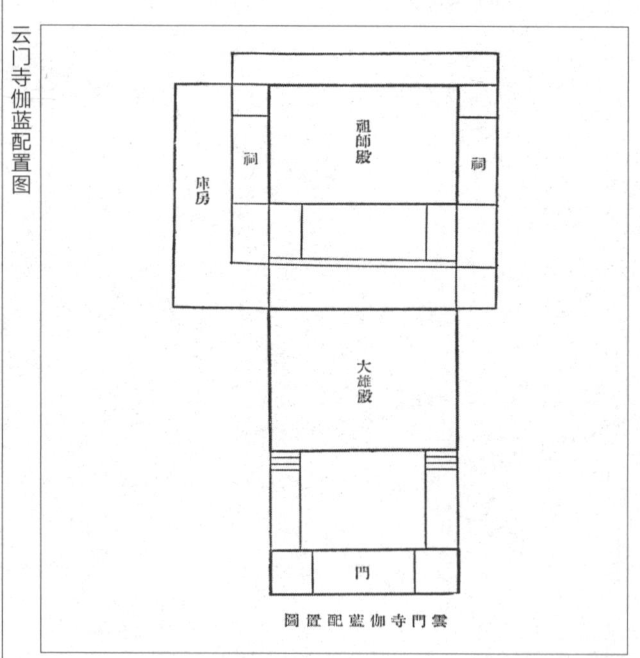

雲門寺伽藍配置圖

图 52 · 云门寺 · 全景

图 53 · 云门寺 · 全景

天王殿

用砖砌成，山形屋顶，规模不大。与云门大师的雷名相比，让人有告朔饩羊之感。门上悬挂着“云门古寺”之匾额（图54）。殿内的弥勒、四天王与一般无异，两端各藏一碑，朝向大殿。

图54・云门寺・门

大雄殿

与天王殿一样，为砖制建筑，山形屋顶，无特别值得一提的古迹（图 55-1）。本尊背后左方悬挂着大铁钟。铸造于明代成化二十一年（图 55-2）。

图 55-2·云门寺·大雄殿内铁钟

图 55-1 · 云门寺 · 大雄殿

祖师殿

在大雄殿背后，殿内称为普通法堂。里面龛藏着开山文偃的真身像。碑文记载道："依师训塔于当山方丈内。后年，阮绍庄梦中受托开塔，其法身如故，现于南汉朝廷。帝亲换法衣。"真身以后未藏于塔中，而是安于堂内。开山先驱，受无数香华供养，龛受煤烟所熏，加上沾有尘埃，故暗澹之色颇深。龛前立着"汉敕三封匡圣弘明祖师"和"汉敕三封匡真禅师"之榜。真身戴法冠，裹几重法衣，以幔幕遮住前面（图 56）。

图 56・云门寺・祖师殿内云门大师真身龛

碑记

在靠近大雄殿的廊壁上，镶嵌着三四个小碑，不值得注目。天王殿两翼内侧，藏着两块黑色大理石碑。这两块石碑不仅对云门古寺很重要，而且在佛教史上具有非凡的价值。右翼之碑立于大宝元年，有龟趺而无龙冠。龟趺头不举起，沿地平线平伏，与一般龟趺有异。其姿势恰如不停行走之状（图 57）。

图 57・云门寺・云门大师碑

左翼之碑

立于大宝七年，碑身比大宝元年碑宽且薄，是一块形状稍微扁平的白色大理石（图58）。下有龟趺，上有龙冠，而龟趺比碑身小，工艺甚为拙劣。龙冠也不似六朝、唐代石碑那般豪壮雄伟。

立七年碑者，为南汉权臣李托和龚澄枢二人。龚澄枢铸造了代表南汉文化的光孝寺西铁塔。该铁塔与其人一样优秀，而碑石竟然如此拙劣，实在令人匪夷所思。何况石刻比起铸造容易得多。这可能是因为李龚二人仅止于舍主，实务由山门僧侣执行的缘故。

这座千古名刹，现在只有守寺者、寺僧妙珍与笔者两人。想当年南汉时代，擅长机辩的文偃在这里振兴法音，禅客凑集，时人赞叹与灵山之会无异。笔者心里想着往昔的情景，见到如今法灯灭残，不禁暗自落泪。而立于天王殿两翼内、历经时代变迁的两块石碑，其一为云门禅师寂后九年立，其二为十五年立，对于了解文偃的事迹，没有比它们更好的东西了。其中，有关寂后九年即大宝元年立的匡真大师实性碑，连堪称汗牛充栋的《金石书》都没有记载，更遑论其他文献了。最近耳闻《乳源县志》有记载，然而那不过是清代撰写的地方县志，恐怕很少进入有识者的眼帘。如果是这样的话，那么可以说这是经过九百一十三年后，才于今日首次公之于学界。

图 58 · 云门寺 · 云门大师碑

记载云门大师传记的两块石碑

（1）大汉韶州云门山光泰禅院匡真大师实性碑并序

现碑的碑文由雷岳撰写，于大宝元年(958)文偃寂后九年立。有关此碑,《广东通志》《韶州府志》等文献没有记载,《金石萃编》的作者或没有涉足此处，或在此出现遗漏。唯有《南汉金石志》有记载，而与实地之物相异之处颇多。乳源之地，山峦重叠，适于土匪盘踞，古来号称中国第一危险之地，近年又有共产党军队驻扎在这里，因此国外未曾有人进入此地，中国人也心怀疑惧，不愿来此偏僻之处。撰文者雷岳还撰写了《匡真大师行录》。该行录与九年碑一起属于最值得信赖的文献，可以用于检验其他的文偃传记。根据它的记载，禅师讳文偃，姓张氏，苏州嘉兴人也。幼慕出尘，依空王寺志澄律师出家。后谒睦州道踪禅师，进而参雪峰义存，得心印;又于

韶州灵树院访如敏，被赞为人天眼目。文偃于癸未之岁乾亨七年(923)开云门，在其晚年戊戌之岁(大有十一年，938)高祖龚诏入阙，赐号曰“匡真大师”。“光泰禅院”之额也是敕赐之物。文偃擅长句出人意表，超宗越格，舒卷风生，纵横无尽，尽神绝妙。南汉乾和七年(949)顺寂，享寿八十六岁。其门弟子等名字多列于碑中(图 59)。

碑文中的道踪禅师，法系不明，据说属于黄蘗派。灵树如敏是百丈之嗣、于长庆大安传法之人。有关文偃受高祖龚之诏，《释氏稽古略》认为其年代是在戊申之年(948)，根据现碑应为戊戌之年(938)。云门弟子甚多，列举于碑中者约有一百六十人。其中，禅宗史上有名者仅志庠一人，《五灯会元》有其传。以后，香林澄远经智门出了一个雪窦，双泉郁经德山慧远出了开先善暹，其后又出了佛印了元，缘密圆明经二代后出了明教契嵩，师宽明教经二代后出了大觉怀琏，这些禅师皆不在所列之名中。

图 59 · 云门寺 · 云门大师碑拓本

（2）大汉韶州云门山大觉禅师大慈云匡圣弘明大师碑铭

此碑铭于汉大宝七年甲子（964）由陈守中撰写。《广东通志》及《韶州府志》均有记载，而《金石萃编》没有。有关文偃事迹的记载，这个碑文几乎与前碑无异。然而，之所以另有此碑，其缘由在碑文后半部分写得很清楚："文偃寂后十五年，即大宝六年，有阮绍庄者，梦见大师。师以拂子招绍庄云：汝可言于秀华宫使特进李托，托他奏闻，为吾开塔。故李托回京奏闻，至云门寺，开塔一看，师容如故。李托奏闻事由，迎真身赴阙，供养月余后返寺。因改寺名为'大觉寺'，谥'大慈云匡圣弘明大师'。"此碑正是为了将此盛事告诉后世而立的。前一块石碑写为"光泰禅院匡真大师"，而这块石碑写为"大觉禅师大慈云匡圣弘明大师"。碑文中有"师禅河浩淼，闻必惊人"的句子，虽然是简单的两句，却很好地评价了云门禅风，写得非常真实。禅师入寂时为屠维作噩之岁。据《尔雅》，在己曰屠维，在酉曰作噩。碑文又写道"付法于白云山实性大师志庠"，并提及参学双峰山意钦、温门山契本、云门山常宝、在京常一等人。其中，闻名于后世者只有志庠、意钦二人，而其后不见有更多的昌隆（图60）。

两碑之中，在禅宗史上有这样值得注意的一段文字："昔西来智药三藏，驻锡于曹溪，曰：一百七十年后，当有无上法宝肉身菩萨，于此兴化学道者。故号'曹溪'，曰'宝林'也。"智药三藏的悬记出现于《法宝坛经》附录的后记中，由法海等集录，其后的禅宗典籍以及《通志》《府志》《寺志》等悉从之。在出现此说法的记录中，其年代最早写得一清二楚的，当数大宝元年（958）碑及大宝七年（964）碑，可见该传说早在五代便已为一般人所熟知了。

《南汉金石志》刊载了两碑。该书由清代嘉应吴兰修撰写，有道光庚戌南海伍崇曜的跋文。这是珍本，收录于岭南遗书中；原为东海藏书楼所藏，今为日本东方文化学院所藏。

吴兰修从《乳源县志》转载了大宝元年碑。关于此碑，《南汉金石志》写道："是铭文辞清丽，足与陈守中碑（大宝七年碑）并称。惜诸书俱未著录"。而大宝七年碑是根据拓本刊载，关于此碑，他引用了《潜研堂金石文跋尾》的文字："此碑前人著录无及之者。"笔者未能看到《乳源县志》。笔者一方面与吴兰修一样痛惜学界内所用著作中未能著录这两碑，一方面也感到不可思议：一般学界姑且不论，为何连佛教学者都没注意到这两碑？

《南汉金石志》所刊载的大宝元年碑不是出自拓本，与实地碑文相异之处不少。笔者将它与现碑相对照，得益颇多。与实地碑文差异最大的，是最初只谈到匡真大师塔铭、御书院给事郎雷岳撰，马上转入碑文一事；以及结尾部分除了列举自悟明大师起至常超等一百十一人以外，从报恩寺内供养马上转入七十余人之事；还有，最后的当院小师以下列名以后全部都没有记载，仅写了建造年号之事。将实性碑视为塔铭，这明显违背实际，而且末尾部分除了弟子列名及建造者、书写者等列名之外，许多地方不仅有违实际，而且给研究带来诸多不便。吴兰修得到七年碑拓本，故其著录几乎非常完整，而自县志转载此碑是因为得不到其拓本的缘故。由于没能参考拓本，与实际相背之处颇多。其相违之处列举如下：

拓本	《金石志》
實性	覺性
則故匡眞大師	无"則"字
西褏	西褎
慈林	慈霖
嘉以	无"嘉"字
心唯	心惟
將俟	將使
壇特	檀寺
千百億	无"千"字
迷倫	迷淪
量諸沙數	是諸沙數
得道者	得道果者
須陀桓	須陀洹
將畢	將卒
法及衣	无"及"字
超覺大師	起覺大師
第三十三祖	第三十三世祖
洎祖師	自祖師
迩後	爾後
得道者	无"者"字
又嗣于一葉	无"又"字
晋齊五冏	晋王冏
休祿	休緣
江浙	江淛

我師	我祖
嘉興郡	嘉興縣
讀諸經	“讀”字脱落
落彩	落髮
頗窮四分	領家數分
禪師闕門	師闕門
托出	推出
到諸麼	到詰麼
繇是	由是
兩斤麻一段布	三斤麻一匹布
聞於峰	問於峰
布納	布衲
世所聞之	世所聞知
學徒峰	學徒問峰
知聖一日	知聖大師一日
爇之	爇之
次年勅赐师	次勅師
有學人間	有人間
勅允	奉勅俞允
領學者	領學志
冐香風	冒香風
親親問	帝問
朕早欽歎	朕早欽敬
三呼萬歲	山呼萬歲
加師號	加號
恩拯八紘	恩極八紘
當奇持常	當奇特常
透出一字	透出一宗
德代	徃代
維常	准常
卧漳	卧譚
取遣修表	无“遣”字
朝薤	薤露
應启三峰	應召三峰
孤猿	孤狽
啼带助哀	啼助哀傷
常寶	常實
深明佛性	无“深”字
法姪	法經
藝凉	藝薄
紀彼銘云	紀彼貞珉銘云
曠劫	衆劫
殺那	刹那
劫石	劫名
丁丑建	无“丁丑”两字

此外，将“于”字写为“於”字者，略去不谈。

在这些差异中，有些是碑文有误的。如，碑文中的“學徒峰”，显然是“問”字脱落了，应如《志》一样，写为“學徒問峰”。又，“朕早欽歎”的“歎”字，对照七年碑，应为“敬”，《志》使用“敬”字，而碑文非“敬”字。“紀彼”二字之后，《志》对照铭文加入“貞珉”二字，而碑文无此二字。“殺那”也应为“刹那”，而碑文显然写成“殺那”。如上所示，《志》有的地方写得准确，这应该是经过修改的结果。另外，顺便附言一句：“是”一字、“爾後”二字、“唯”一字、“情”一字、“於是踞知聖筵说”七字、“後大師心唯”五字、“秋”一字、“千”一字、“每”一字、“施”一字、“迷”一字、“豈是”二字、“酬”一字、“已盡”二字、“記”一字、“七”一字，共二十九字，是根据《志》添补上的，故使用了六号活字。

关于大宝七年碑，吴兰修说：“《县志》所载，讹脱三四十字。”兰修依照拓本著录，故谬误极少。仅“徵聞有理”中“徵”字写成“微”字、“道果圓满”中“道”字脱落、“到闕”中“闕”写成“關”字、“臣孔廷謂臣廷津”中“謂臣廷”三字脱落。兰修认为碑文中的别体字皆有所本，并一一标明典据。即，“纒”作“缠”，“載”作“𡙸”，“勃”作“敦”，“鑿”作“鑿”，“儒”作“儒”，“刹”作“刹”，“莊”作“症”，“策”作“筞”，“鶴”作“靎”，“閉”作“閇”，“低”作“低”，“襯”作“擨”（译者注：《南汉金石志》：“‘襯’，唐石壁字、《铁弥勒颂》作‘儭’，此作‘襯’。”），“瓦”作“凡”，“海”作“𣳚”，“臘”作“臈”，“地”作“坔”，“競”作“竟”，“治”作“乿”，“拯”作“拯”。文中将“曹溪”写成“漕溪”，这两字在当时是通用的。《志》引用《南汉书考异》认为：禅师入寂时间为己酉，己酉是乾和七年；阮绍庄做梦的时间是大宝六年癸亥，故，这应该是寂后十五年，文中却写为十七年，这是不符合事实的。又，《志》引用《潜研堂金石文跋尾》认为，《五灯会元》将禅师谥号写作“大慈云匡真宏明”，是误将前后谥号合二为一的缘故。《志》还说：将“光泰”写成“光奉”，乃传写之误，且刘䶮的谥号没出现于《十国春秋》，这是该书的作者没看到此碑文的缘故。《五灯会元》之误只不过是沿袭了《十国春秋》。兰修撰写《南汉纪》五卷，充分利用了碑铭，试图对于《十国春秋》进行纠误补缺。此书也是珍本，同样被收录于岭南遗书之中。

图 60・云门寺・云门大师碑拓本

广东潮州

潮安有唐代韩文公祠。笔者专门走访了此地，是为了调研灵山寺。该寺是大颠和尚的遗址，而大颠和尚与韩文公有交往。笔者去的时候(1929年1月3日)原以为灵山寺所在的西山是潮安西山，结果去了没有找到。后来，笔者重新查阅《潮州府志》，才知道那是潮阳西山。然而道路通行甚为不便，没能去成，只好空手而归。

图67拍摄的景色是从潮安城西的西湖山，眺望潮安城的景色，以及隔着韩江，眺望韩山的全景。韩山又称笔架山，山麓有韩文公祠。笔架山位于图67-2中央处，形状似笔架。

韩文公祠有两个:其一在韩山，为世人所熟知;其二在城南。根据《潮州府志》的记载，城南韩文公祠原为有文公书院之处，而韩山韩文公祠为文公划杖之旧址。如果是这样的话，则城南韩文公祠更适合称为文公遗址。

大颠宝通

关于大颠的事迹，《宋高僧传》没有记载，而《景德录》《佛祖通载》《佛祖统纪》等书虽有记载，但不完整。元代大德五年，住山嗣祖比丘了性编撰的《潮州大颠祖师本传》(《灵山正宏集》所载)，综合了诸书的传记，并加入了时间和地点，是最得体的一篇传记。这里按照该文进行介绍。

六祖大鉴之下，分出南岳、青原两派，各接门人弟子。南岳接马祖，青原接石头，大颠乃石头的嫡嗣。大颠为陈帝后裔，讳宝通，大颠乃自号。高祖随官入潮，大颠开元间生于潮郡。幼岁志慕云林，初出家时，跟随西山惠照禅师，得剃染受戒;后跟从石头学出世之法。师问石头:“道与有道无二，俱是谤。请和尚除。”石头道:“我这里一物亦无，除个什么？”石头却问师:“并却咽喉唇吻，道将来。”师道:“这个无。”石头道:“若与么，汝即得入门。”

某日，石头趁大颠师侍立在旁，问:“汝是参禅僧？是州县白蹋僧?”师答:“是参禅僧。”石头问:“何者是禅?”师答:“扬眉瞬目。”石头道:“除却扬眉瞬目外，将你本来面目呈看。”师道:“请和尚除却扬眉瞬目外鉴。”石头道:“我除竟。”师道:“将呈了也。”石头道:“汝既将呈我心如何?”师道:“不异和尚。”石头道:“不关汝事。”师道:“无本物。”石头道:“汝亦无物。”师道:“既无物，即真物。”石头道:“真物不可得，汝心见量，意旨如此，大须护持。”

自后，师机辩无滞。后回龙川罗浮瀑布岩，每日寂然宴坐。一日，张远凡中丞来瀑布岩，游于其间，怪师不参不迎，至岩前，挥刀欲斩。师乃引颈神色不变道:“若心好杀，是偿夙仇。意若生疑，是先不负。”中丞自觉惭愧，弃刀陪礼。

至正元之岁，大颠师旋移入潮阳，带领门人善觉等，开辟牛山筑庵，终日与虫豸毒蛇为伍。师每诫之，悉皆远去。——明朝周光镐所修县志记载道:贞元七年，与其徒玄应、知高等数十人开辟牛山，同年创建灵山寺。——师又在县西幽岭下斩伐榛莽，置院称为灵山。山下有田，如袈裟漫在地中，故称福田。皆师运神力之所化也。山上有木，周围多龙荔。皆师亲手种植。师自置一铜瓶，每登山以瓴水灌千株。大颠师还亲自书写《金刚经》一千五百卷和《法华》《维摩》等经数部，又注解《般若心经》。义学者四集。

一日，石巩处有三平义忠来参，乃自举："巩每日张弓架箭接人。三平到。巩云：'看箭。'平拨开胸云：'此是杀人箭？活人箭？又作么生？'巩弹弓弦三下。平乃礼拜。巩云：'三十年张弓架箭，只射得半个。'遂拗折弓箭。"师随后又问："既是活人箭，为什么向弓弦上辩？"三平无语。师云："三十年后，要人举此话，也难得。"平遂问："不用指东划西，请师直指。"师云："幽州江口石人蹲。"平曰："犹是指东划西。"师曰："若是凤凰儿，不向那边讨。"平作礼。师曰："若不得后语，前话也难圆。"平归时，乃留二鬼曰："以毛搭飒事师。"至今尚存。

时州牧昌黎韩公屡屡遣使，赍书召师。师守山林，有戒不入城郭，如是三请三辞。公一日诣山问师："和尚春秋多少？"师提珠数曰："会么？"公曰："不会。"师曰："昼夜一百八。"公罔措。次日再来，至门见首座，公举师语问首座："意旨如何？"首座扣齿三下。及见师，理前问，师亦扣齿三下。公曰："原来佛法无两般。"师曰："见甚道理，便恁么？"公曰："适来问首座，亦如是。"师乃召首座："是汝如此对否？"首座曰："是。"师便赶打，首座出院。

公一日又对师曰："弟子军州事繁，佛法省要处，乞师一语。"师据坐良久，曰："会么？"公曰："不会。"時三平为侍者，乃敲禅床三下。师曰："作么？"三平曰："先以定动，后以智拔。"公乃曰："和尚门风高峻，弟子于侍者边，得个入处。"师乃俛首而笑。

师所创立的道场有惠阳龙川瀑布岩、潮州辟牛岩、莲华乌岩以及如今的本寺。长庆四年甲辰（824），师年九十有三。一日，师先诫门人后事，三月十四日沐浴更衣，端坐而化。颜色不变，屈伸如生，室有异香，经旬不歇。全身葬于正寝之东，门人尊谕，于三年后开塔门而视，容貌如旧，发爪俱长，仍封藏之。唐末，有发窣堵者，见其骨髀俱化、片舌如生，复瘗之。宋至道间，有人再发见之，惟有古鉴一圆，只见镜中有师之定影，又叠石藏之。自此，塔户不再开启。

师平生神通妙用，应机接人，故无形容。每岁州郡祈祷雨旸，应答如响。

至政和中，州郡奏闻于朝，谥曰"善慧"，又曰"慈慧祖师之塔"。

据诸书一致所传，大颠上堂开法之语，如下所示。

夫学道人，须识自家本心，将心相示，方可见道。多见时辈，只认扬眉瞬目，一语一默，蓦头印可，以为心要，此实未了。吾今为汝诸人分明说出，各须听受。但除却一切妄运想念见量，即汝真心。此心与尘境及守认静默时全无交涉。即心是佛，不待修治。何以故？应机随照，冷冷自用，穷其用处，了不可得。唤作妙用，乃是本心。大须护持，不可容易。

僧问："其中，人相见时如何？"师曰："早不其中也。"僧问："其中者如何？"师曰："不作个问。"

僧问："苦海波深，以何为船筏？"师曰："以本为船筏。"僧问："恁么即得度去也？"师曰："盲者依前盲，哑者依前哑。"

师一日将养和子廊下行，逢一僧问讯次，师以养和子蓦口打曰："会么？"僧答："不会。"师曰："大颠老野狐，不曾辜负人。"

大颠和尚与韩文公

《佛祖通载》第二十一、唐元和十四年之下所记载的大颠与文公问答，与《正宏集》中所记载的唐尚书员外郎孟简集《大颠别传》完全相同。《正宏集》在其后还刊载了欧阳修的《别传跋》与元代虞集的《别传赞》。由是可知，《通载》是原原本本使用了有根有据的资料，而无夹杂一己之私见。两人的问答使欧阳修加深了对佛教的理解，表明了儒佛交涉之极至，故可委悉之。

元和十四年，潮州刺史韩愈初至郡，劝帝东封泰山，以表哀谢，久而无报。韩愈因祀神海上，登灵山遇禅师大颠。

大颠问愈曰："子之来官于南，闻以其言之直也。今子之貌，郁然似有不怿，何也？"对曰："愈之用于朝而享禄厚矣。一旦以忠言不用，夺刑部侍郎，窜逐八千里之海上，播越岭海，丧吾女拏。及至潮阳，台风鳄鱼，患祸不测。毒雾瘴氛，日夕发作。愈少多病，发白齿豁。今复忧前黜于无人之地。其生讵可保乎？愈之来也，道出广陵庙而祷之，幸蒙其力而卒无恙。以主上有中兴之功，已奏章道之，使定乐章告神明，东巡泰山，奏功皇天。倘其有意于此，则庶几召愈述作功德歌诗，而荐之郊庙焉。愈早夜待之而未至，冀万一于速归。愈安能有怿乎。”

大颠曰：“子直言于朝也，忠于君而不顾其身耶？抑尚顾其身而強言之，以徇名耶？忠于君而不顾其身，言用则为君之荣，言不用而已有放逐，是其职耳，何介介于胸中哉？若尚顾其身而強言也，则言用而获忠直之名，享报言之利，不用而逐，亦事之必至也。苟患乎逐，则盍勿言而已。且吾闻之，为人臣者不择地而安，不重势而行。今子遇逐而不怿，趋时而求徇，殆非人臣之善也。且子之死生祸福，岂不悬诸天乎？子姑自内修而外任命可也。彼广陵，其能福汝耶？主上今继天宝之后，奸臣负国而讨之不暇，粮馈云合，杀人盈野；仅能克平而疮痍未瘳，方此之际，而子又欲封禅告功，以骚动天下，如何？而属意在乎己之欲归。子奚忍于是耶。且夫以穷自乱，而祭其鬼，是不知命也。动天下而不顾以便已，是不知仁也。強言以干忠，遇困而抑郁，是不知义也。以乱为治，而告皇天，是不知礼也。而子何以为之。且子之遭黜也，其所言者何事乎？”

愈曰：“主上迎佛骨于凤翔，而复舁入大内。愈以为佛者夷狄之一法耳。自后汉时流入中国。上古未尝有也。昔者黄帝尧舜禹汤文武之际，天下无佛。是以年祚永久。晋宋梁魏事佛弥谨，而世莫不夭且乱。愈恐主上之惑于此，是以不顾其身而斥之。”

大颠曰：“若是，则子之言谬矣。佛者，覆天人之大器也。其道则妙万物而为言，其言则尽幽明性命之理，其教则舍恶而趋善，去伪而归真。其视天下犹父之于子也，而子毁之，是犹子而刃父也。盖吾闻之，善观人者，观其道之所存，而不较其所居之地。桀纣之君，跖跃之臣，皆中国人也，然不可法者，以其无道也。舜生于东夷，文王于西夷，由余生于戎，季札出于蛮。彼二圣二贤者，岂可谓之夷狄，而不法乎？今子不观佛之道，而徒以为夷狄，何言之陋也。子必以为上古未有不法耶，则孔子、孟轲生于衰周，而蚩尤、瞽叟生于上古矣。岂可舍衰周之圣贤，而法上古之凶顽哉？子以五帝三王之代为未有佛而长寿也，则外丙二年，仲壬四年，何其夭耶。以汉陈之间有佛而人主夭且乱也，则汉明为一代之英主，梁武寿至八十有六。岂必皆夭且乱耶。”

愈攘袂厉色而言曰：“尔之所谓佛者，口不道先王之法言，而妄倡乎轮回生死之说，身不践仁义忠信之行，而诈造乎报应祸福之故，无君臣之义，无父子之亲，使其徒不耕而食，不蚕而衣，以残贼先王之道，愈安得默而不斥之乎。”

大颠曰：“甚矣子之不达也。有人于此，终日数十而不知二五，则人必以为狂矣。子之终日言仁义忠信，而不知佛之言常乐我净，诚无以异也。得非数十而不知二五乎？且子计尝诵佛书矣，其疑与先王之道异者，可道之乎。”

愈曰：“何暇读彼之书？”

大颠曰：“子未尝读彼之书，则安知不谈先王之法言耶。且子乃自以为尝读孔子之书而遂疑彼之非乎？抑闻人以为非而遂非之乎？苟自以尝读孔子之书而遂疑彼之非，是舜犬也。闻人以为非而遂非之，是妾妇也。昔者舜畜犬于馆，犬之旦暮所见者惟舜。一日，尧过而吠之，非爱舜而恶尧也。以所常见者惟舜，而未尝见尧也。今子常以孔子为学，而未尝读佛之书，遂从而怪之，是舜犬之说也。吾闻之，女子嫁也，母送之曰：‘往之汝家，必敬必戒，无违夫子。’然则从人者妾妇之事。安可从人之非而不考其所以非之者乎？夫轮回生死，非妄造也。此天地之至数、幽明之妙理也。以物理观之，则凡有形于天地之间者，未尝不往复生死、相于循环也。……孔子曰：‘原始要终。’故知死生之说。夫终则复始，天行也。况于人而不死而复生乎？庄周曰：‘万物出于机，入于机。’贾谊曰：‘化为异类兮，又何足患？’此皆轮回之说，不俟于佛而明也。焉得谓之妄乎？且子以祸福报应，为佛之诈造，此尤足以见子之非也。夫积善积恶、随作随应，其主张皆气焰熏蒸、神理自然之应耳。易曰：‘积善之家必有余庆，积不善之家必有余殃。’又曰：‘鬼神害盈而福谦。’曾子曰：‘戒之，出乎尔者，反乎尔者也。’此报应之说也。惟佛能隐恻天下之祸福。是以彰明较著，言其必至之理，使不自陷于此耳。岂诈造哉？又言：‘佛无君臣之义，父子之亲。’此固非子之所及也。事固有在方之内者，有在方之外者。方之内者众人所共守之，方之外者非天下之至神莫之能及也。故圣人之为言也，有与众人共守而言之者，有尽天下之至神而言之者。彼各有所当也。孔子之言道也，极之则无思无为，寂然不动，感而遂通，此非众人所共守之言也。众人而不思不为，则天下之理几乎息矣。此不可不察也。佛之与人子言必依于孝，与人臣言必依于忠，此众人所共守之言也。及其言之至，则至于无心。非唯无心也，则至于无我。非唯无我也，则又至于无生。无生则阴阳之序不能乱，而天地之数不能役也。则其于君臣父子，固有在矣，此岂可为短见浅闻者道哉？子又疑佛之徒不耕不蚕而衣食，且儒者亦不耕不蚕，何也？”

愈曰：“儒者之道，其君用之，则安富尊荣；其子弟从之，则孝悌忠信。是以不耕不蚕而不为素餐也。”

大颠曰：“然则佛之徒亦有所益于人故也。今子徒见末世未有如佛者蚕食于人，而独不思今之未能如孔孟者亦蚕食于人乎？今吾告汝以佛之理。盖无方者也。无体者也。妙之又妙者也。其比则天也。有人于此，终日誉天而天不加荣；终日诟天而天不加损。然则誉之诟之者皆过也。夫自汉至于今，历年如此其久也；天下事物，变革如此其多也；君臣士民，如此其众也；天地神明，如此其不可诬也。而佛之说，乃行于中，无敢议而去之者。此必有以蔽天地而不耻，关百圣而不惭。妙理存乎其间，然后至此也。子盍深思之乎？”

愈曰：“吾非訾佛以立异。盖吾所谓道者，博爱谓之为仁，行而宜之谓之为义，由是而之谓之为道，足乎己无待于外谓之为德。仁与义为定名，道与德为虚位。此孔子之道，而皆不同也。”

大颠曰：“子之不知佛者，为其不知孔子也。使子而知孔子，则佛之义亦明矣。子之所谓仁与义为定名，道与德为虚位者，皆孔子之所弃也。”

愈曰：“何谓也？”

大颠曰：“孔子不云，志于道，据于德，依于仁，游于艺？盖道也者百行之首也。仁不足名之。周公之语六德，曰知、仁、信、义、中、和。盖德也者，仁义之原；而仁义也者，德之一偏也。岂以道德而为虚位哉？子贡以博施济众为仁。孔子变色曰：‘何事于仁，必也圣乎？’是仁不足以为圣也。子乌知孔子之所谓哉？今吾教汝，学者必先考乎道之远者焉。道之远，则吾之志不能测者矣，则必视夫人之贤于我者之所向而从之。彼之人贤于我者，以此为是矣，而我反见其非，则是我必有所未尽知者也。是故深思彼之所是而力求之，则庶几乎有所发也。今子自恃通四海异方之学，而文章旁礴。孰如姚秦之罗什乎？子之知来藏往，孰如晋之佛图澄乎？子之尽万物不动其心，孰如梁之实志（译者注：《佛祖历代通载》中为“宝志”）乎？”

愈默然良久曰：“不如也。”

大颠曰：“子之才既不如彼矣，彼之所从事者，而子反以为非，然则岂有高才而不知子之所知者耶？今子屑屑于形器之内，奔走乎声色利欲之间，少不如志，则愤郁悲躁，若将不容其生。何以异于蚊虻争秽壤于积藁之间哉？”

于是，愈瞠目而不收，气丧而不扬，反求其所答，茫然有若自失，逡巡谓大颠曰：“言尽于此乎？”

大颠曰：“吾之所以告子者，盖就子之所能而为之言。非至乎至者也。”

愈曰：“愈也不肖，欲幸闻其至者。”

大颠曰：“去尔欲，诚尔心，宁尔心，尽尔性，穷物之理，极天之命，然后可闻也。尔去，吾不复言矣。”

愈趋而出，至州数月，改袁州刺史。愈复造大颠之庐，施衣二袭而请别曰：“愈也将去师矣。幸闻一言。”大颠曰：“吾闻易信人者，必其守易改。易誉人者，必其谤易发。子闻吾言，而易信之矣。庸知复闻异端，不复以我为非哉。”遂不告。愈知其不可闻，乃拜辞而去。

附：《正宏集》里的大颠别传不是从《佛祖通载》转载过来的。其字句有数处不同，且不同之处皆以《正宏集》为佳。可见《正宏集》是从实地别传中采录而来。（常盘大定 文）

韩文公祠

韩文公祠有两个:一在韩山，一在城南。

韩山隔着韩江，位于潮安城东，风光明媚，作为文公祠所在地，非常般配(图67)。韩文公祠在韩山西麓，周围风景如画。以下记述1929年1月3日的现状。石坊上刻有“韩文公之祠”。入石坊数百步，由磴道进入拜殿(图70)。拜殿用砖砌成，屋顶呈人字形，无特别之处。进入正殿，正面安放着韩文公像。韩文公亲自对大颠说过“愈少多病，发白齿豁”，而该像令人觉得年纪太轻，双颊过于丰润(图71-2)。

殿内有很多碑石，还有很多名士献上的额牌。祠庙结构虽不雄大，然而地处胜景，且得到修葺，给到来者以清新感觉，让人滋养浩气。正殿大梁上布满装饰，与南华寺六祖殿下层屋顶大梁端部所见到的装饰一般模样，笔者不知它的名称(图71-1)。里面的碑石中，有刻着大字“功不在禹下”的碑石，非常珍贵(图69-2)。苏东坡撰写的《潮州昌黎伯韩文公庙碑》立于明成化年代，受损严重。祠庙侧的壁面上原有一块碑，刻着王维的《白鹦鹉赋》，乃韩文公所书。由于害怕乡鄙之人毁坏，该碑如今由位于祠的左侧的师范学堂保管。笔者经由省立第二师范学校干事李芳柏的介绍，得以观之(图72-1、图72-2)。

从赋后所加的“雍正甲寅(十二年)秋八月渝州龙为霖记”中可知:岁仲春，(为霖)有事羊城，偶于故家得睹公手书《白鹦鹉赋》;遒健茂密，浩气溢于毫端，米颠盖祖之而未尽其妙;为霖以为这是稀世至宝，便购之回来，摹诸石，勒于祠之东壁，使观者知公之所为绝人者，不徒道德文章。文后附刻有乾隆三十六年广东督学使者日讲起居注官翰林侍读学士北平翁方纲敬书释文。《广东通志·金石略》的作者校对了此碑刻与《唐文粹》《文苑英华》之间的文字异同，以碑刻为正。

往访潮州，诣文公祠，接触到了韩文公的墨迹，这是因为有龙为霖之遗功。为霖来潮访求韩公遗迹，没有达到目的，这是因为文公治潮仅八个月的缘故。为霖又说，俯仰山川，随处可见公的身影，于是才有此举。图73、图74为其拓本。

在进入城南文公庙内的路口，立有一块石坊，上题昌黎伯韩文公之庙。穿过石坊，有文公庙，规模较小，礼堂坛上安放着文公像，附彩已经剥落;里面被作为学校教场使用，门内狭窄的庭院里有四块碑石。

(1)潮州昌黎伯韩文公庙碑　至正丁未立

(2)潮州路韩山书院记

(3)重建潮州韩文公庙碑记　大清顺治戊子

(4)兵宪仇太公祖忠餠碑记

第一块庙碑上刻着苏东坡撰写的碑文，元至正(丁未二十七年，1367)立。字多少有些受损，大体完整，年代比韩山祠里的石碑古老。图68-1为庙碑，68-2是该碑的拓本。刻有东坡之文的石碑中，此元代碑当数最早。

关于此碑，《广东通志》卷二〇八记载道:“有言，苏公原碑在道廨旁韩祠者，戊子春始访得之，拂拭积苔，稍辨字画。乃亦非原石也。”该书还作了许多论述，而其所记之事有混乱之处，比如似乎混淆了韩山之庙与城南之庙。两庙之间本来互有消长。根据《志》的记载，宋咸平二年(999)陈惠公在潮州为官，辟正室东厢为文公之祠，这是建文公祠的开端。以后，该祠迁至城北金山，元丰七年(1084)韩公被封为昌黎伯，元佑五年(1090)王涤将它迁到城南五里，苏东坡为之作记。至淳熙己酉(十六年，1189)，郡守丁允元认为，此乃东山公之登览地，有其亲手种植的橡树，于是便在上面建庙，故城南之祠被废。淳佑

图67-1・韩山全景

癸卯（三年，1243），郡守郑良臣相旧址创城南书院，内祀文公。这是二祠并存之始。元代至元戊寅（十五年，1278）书院罹患兵燹而废，二十一年（1284），郡守王用文再建书院，造韩庙于其南。其后，泰定、至顺年间重建。至明代，韩山祠荒废，城南祠也遭受破坏，于是，知府郭子章重葺城南祠，更新祭器。如今，韩山祠累次重修，而城南祠濒临荒废，实在可惜。（常盘大定 文）

图 67-2・韩山全景

图 70・韩文公祠・拜殿

图 71-1·韩文公祠·正殿

图 71-2・韩文公祠・正殿内韩文公像

图 69-1 · 韩文公祠

图 69-2・韩文公祠内『功不在禹下』碑

图 72-1·韩文公祠附近师范学堂

图 72-2 · 韩文公祠师范学堂藏白鹦鹉赋碑

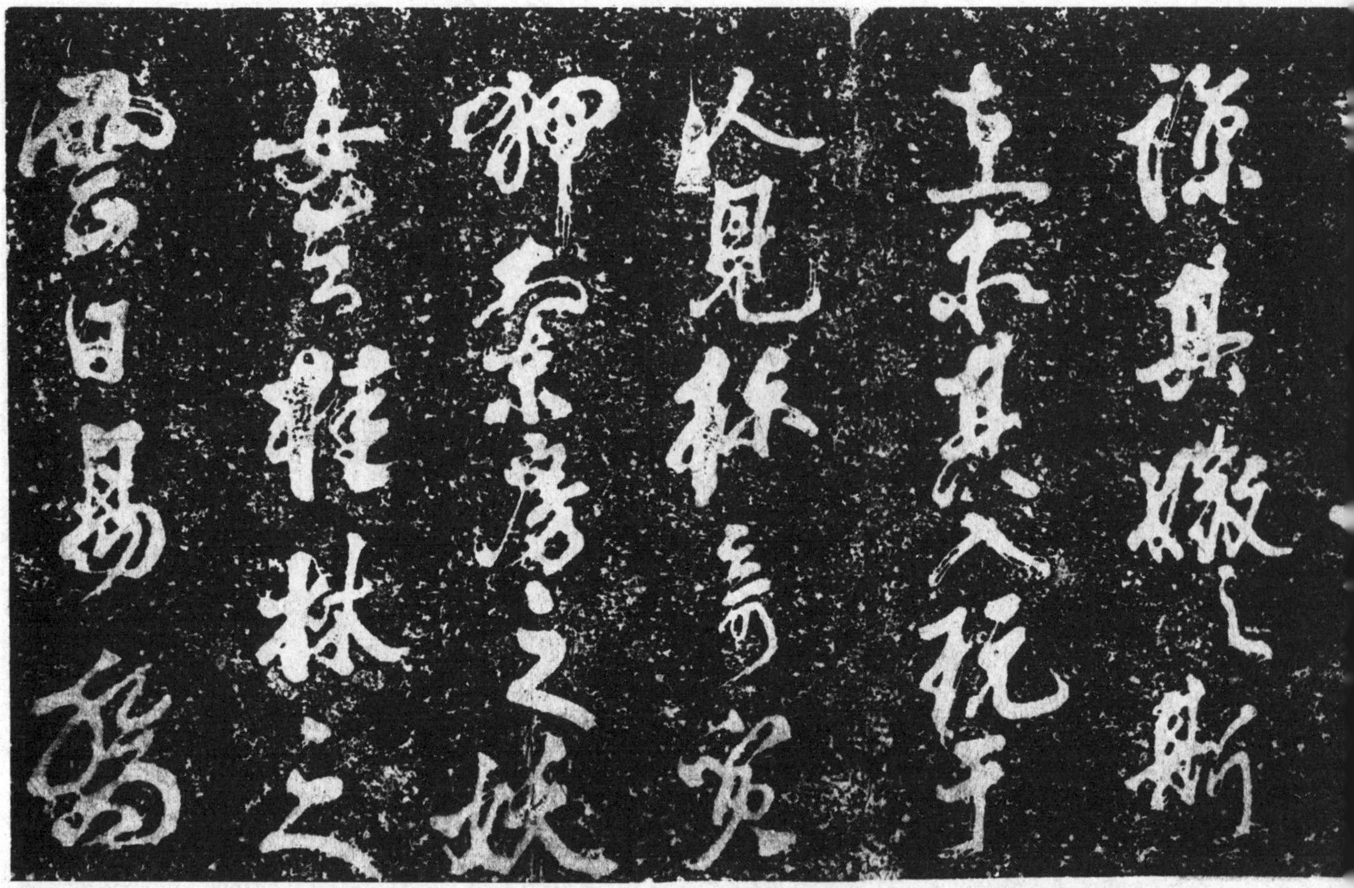

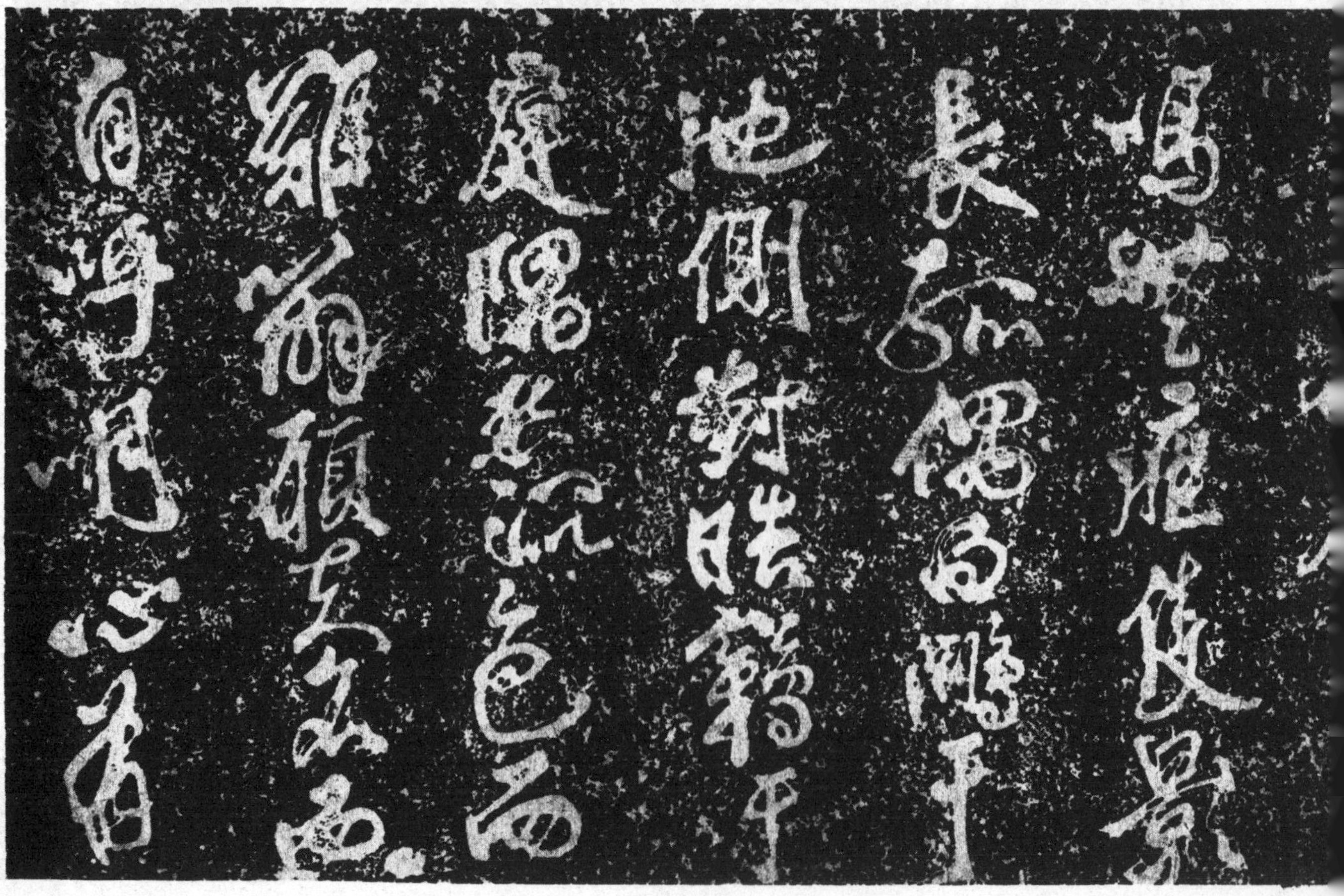

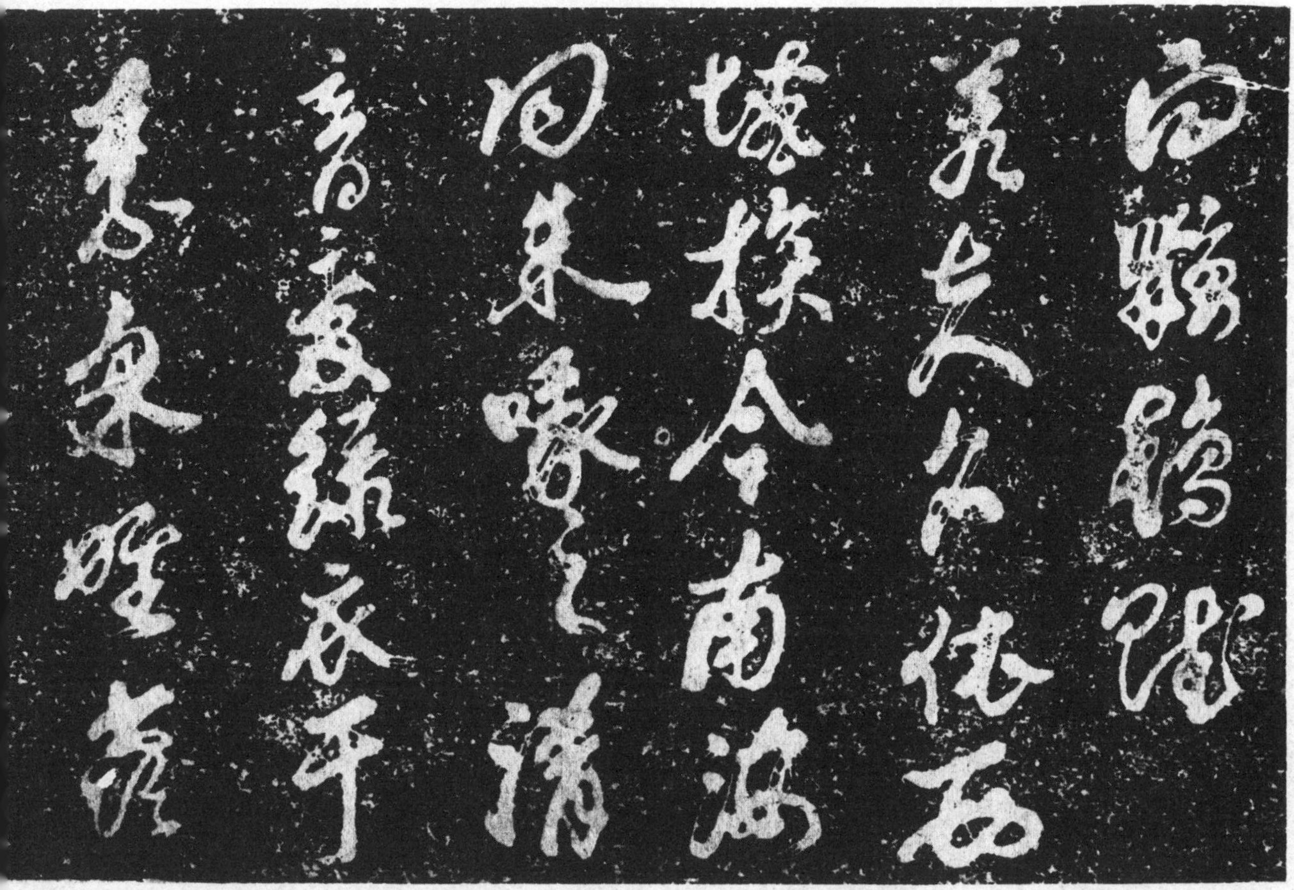

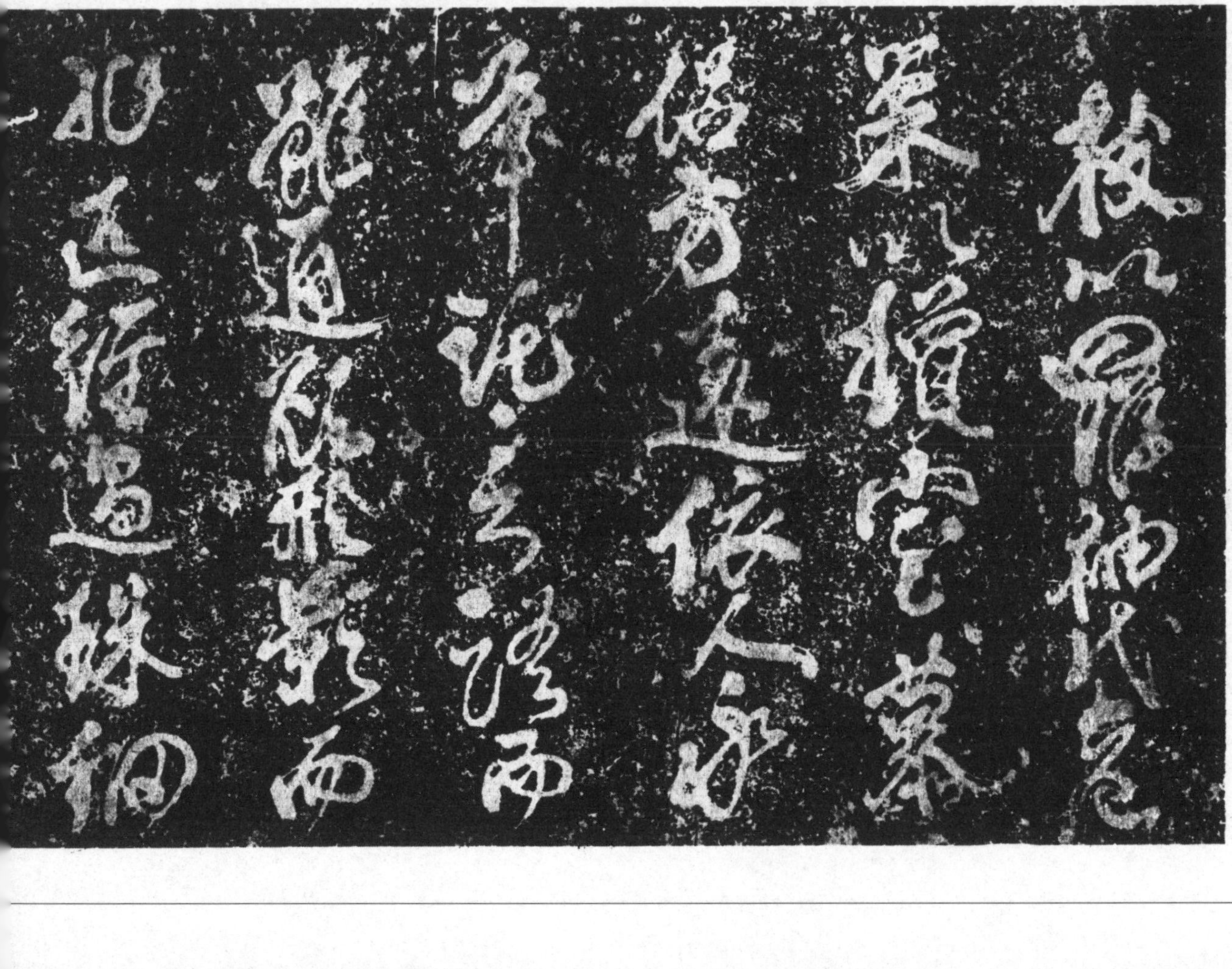

图73 · 韩文公笔 · 白鹦鹉赋碑拓本一

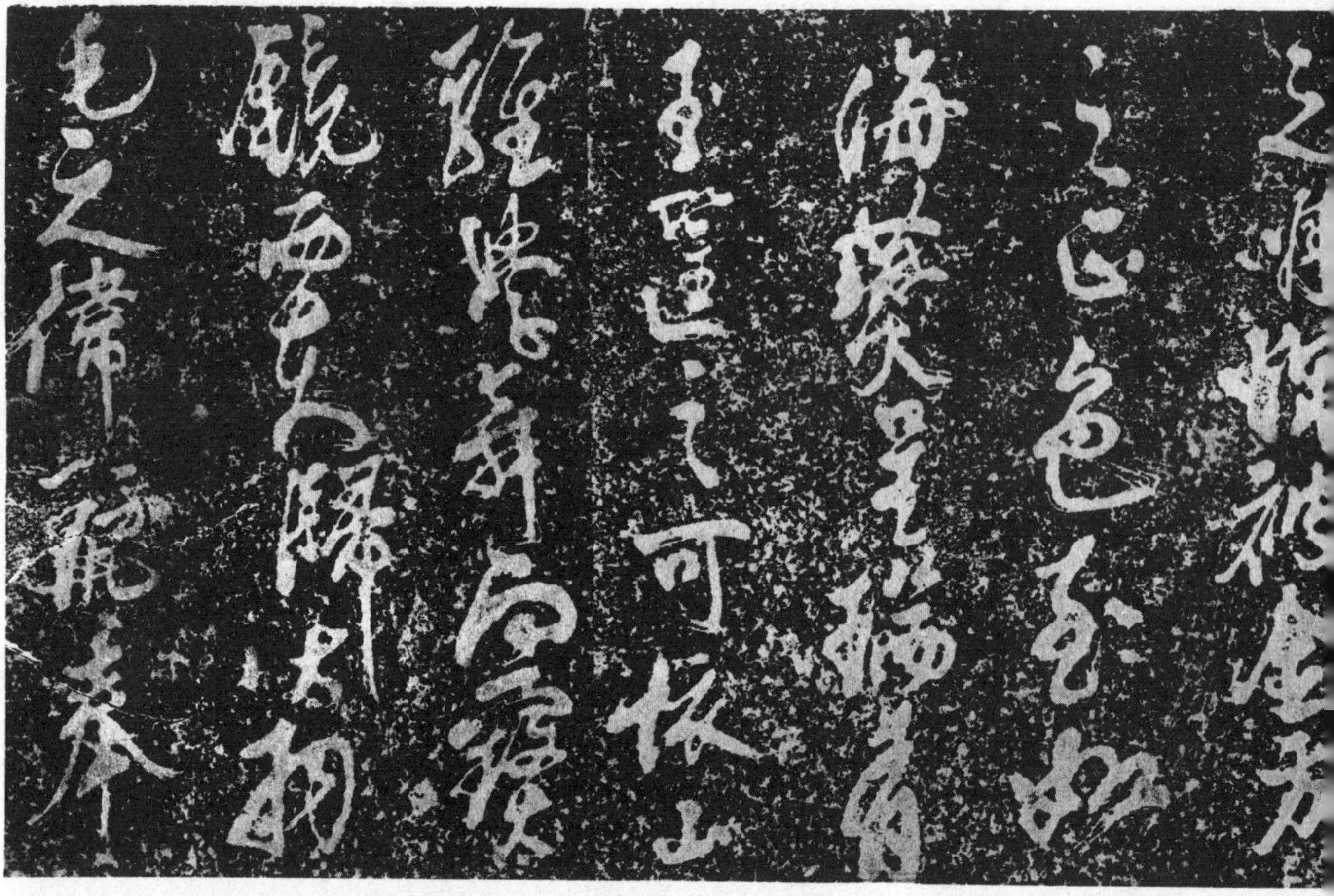

白鸚鵡賦

若夫名依西域族本今南海同朱喙之清音變緑衣于素彩唯茲鳥之可貴諒其熾之斯在爾其入玩于人見珍奇質狎蘭房之妖女去桂林之雲白易喬枝以羅袖代危巢以瓊室慕侶方遠依人永畢託言語而雖通顧形影而非匹經過珠網出入金鋪單鳴無應隻景長孤偶白鷴于池側對皓鶴于庭隅愁混色而難辨顧知名而自呼明心有識懷思無極芳樹絶想雕梁撫翼時嗛花而不言每投人以方息慧性孤稟雅容非飾含火德之明輝被金方之正色至如海燕呈瑞有玉筐之可依山雞學舞向寶鏡而知歸皆羽毛之偉麗奉日月之光輝豈憐茲鳥地遠形微色凄紈質彩奪繒衣深籠久閉喬木長違儻見借其羽翼與遷鶯而共飛

退之

乾隆三十六年秋七月五日廣東督學使者日講起居注官翰林侍讀學士北平翁方綱求書釋文附勒于石

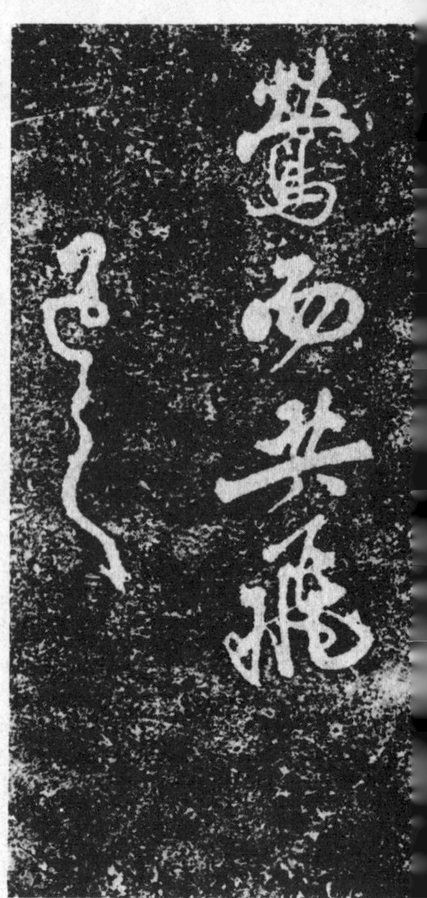

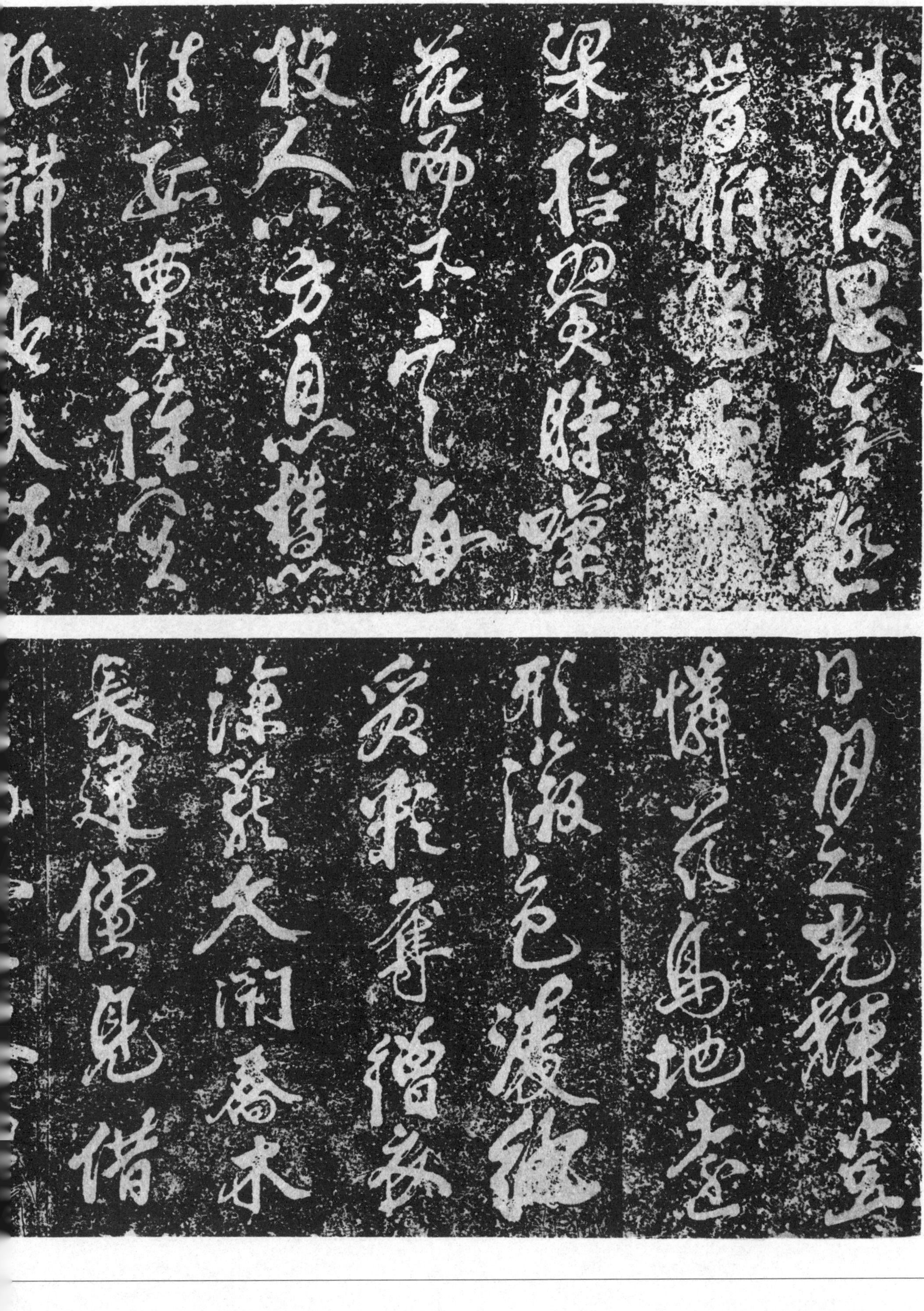

图 74 · 韩文公笔 · 白鹦鹉赋碑拓本二

图 68-1・韩文公庙・潮州昌黎伯韩文公庙碑

图 68-2・韩文公庙・潮州昌黎伯韩文公庙碑拓本

潮阳县 | 灵山寺

灵山为大颠和尚的遗址，大颠乃石头希迁的法嗣。据传，当年韩退之被贬黜于潮州、慨叹不得志时，大颠接待了他的来访，与之对谈，点亮了他心中的一点灵光。或传，刻有韩氏写给大颠三书的碑石，宋代存放于灵山寺内。如果现在还有的话，它就是极其重要的儒佛相关资料；而且，碑文中含有与人生密切相关的问题；加上尚无人访过此地，因此，笔者打算作一次实地调查。然而，由于笔者误以为它是在潮安，结果没有达到目的。幸好，笔者得到康熙乙亥硕堂编订的《重刻灵山正宏集》，通过其中的灵山总图，了解到其盛时伽蓝的规模。如图所示，其规模并不宏大，而笔者所求的三碑也见不到踪迹。灵山寺以大殿为中心，前有门，后有禅堂，右有客堂，左有方丈。方丈后方有开善藏、写经台和祝圣碑，这些建筑合为一廓。而背后有舌镜塔，稍往右后有千丛果，前面左隅有白石槽，将出寺域的地方有一处称为拔木坞，出寺域后分出两径，往左可到留衣亭。《正宏集》对于灵山八景一一作了说明。

一、拔木坞——在寺前。据传，鼎建之始，师（大颠）亲自入闽购木，木材由地中行，及匠作，就此拔焉。今存三根。

二、千丛果——寺山周围有荔枝千丛，皆大颠亲手种植。大颠自己备有一铜瓶，名曰甘露瓶；大颠每持一瓶水，遍灌千树。至成化间，瓶犹存。后，寺废，瓶随之遗失，千丛果也相继枯死，如今仅剩一二株。

三、写经台——在寺的左侧。大颠自己书写心经金刚义一千五百卷及法华维摩等三十六部，藏于此山。如今，台废，经亦无存。

四、留衣亭——元和十四年，刺史韩公致书三请大颠，大颠不赴。其年，韩公祷神至海，次日造访，两人交谈后甚为投契，交往日久。韩公移任袁州刺史前，留衣作别。大颠建亭于寺前，至今修葺翼然。

五、舌镜台——在寺后。大颠圆寂前，留下遗嘱，要求封塔后三年才可开视。门人遵谕，三年后开启一看，容颜如旧，发爪俱长，乃封藏之。至唐末，有发视者，见其骨髀俱化，片舌如生，复瘗之。宋至道间，又有发视者，见惟有古鉴一圆，镜中有师的定影，又叠石藏之。明洪武二年，邑令诣寺，又欲发视，天日有光焰，倏然现出黑云，雷声霹雳，戒惧乃止。自此以后，无人敢再发视。

六、开善藏——长庆二年，赐额名为护国禅院。宋祥符五年，赐新译经，建灵藏储之。天历七年，敕额开善禅寺。

七、祝圣碑——在寺的左侧。宋王大宝奏请为祝圣万寿山，乃竖立之。

八、白石槽——长二丈余，阔三尺许。这是大颠的神运。色白，如新琢，至今无异。

以上对于八景的叙述中，有的地方已经谈到了寺史。在此基础上，我们参照明代周光镐纂修的县志中的灵山纪略（《灵山正宏集》所载），对灵山寺作如下说明。

灵山寺距临崑山二十里，地名塔口。该寺为唐贞元七年大颠创建。大颠来自罗浮，入邑之内界，与其徒玄应、智高等数十人开辟牛山，作庵室居之。这就是人们常道的辟牛岩。是年，始移建灵山寺；长庆二年（822），赐额为护国禅院。当时大颠还在世上。宋祥符五年（1012），僧觉然重建。其年，赐新译经二百七十八卷。天圣七年（1028）奏改名为开善禅寺。景佑元年（1034），邑人许申作《敕赐灵山开善禅院碑记》（《正宏集》所载）。其文未被完整抄录。明洪武二年，僧空山又进行重建。正统、景泰、成化年间，乡人相继进行重修。至正德末寺废，仅留下新僧室数椽，只能在此供奉香火。以上为明代的记录。

根据康熙乙亥编订的《正宏集》的记载，写经台今已无存，铜瓶也已遗失。而对于舌镜塔与留衣，该书没有谈及，可能当时还有。塔与亭是灵山寺最重要的建筑，不知现在是否还在。还有，韩公写给大颠的三书，《正宏集》有著录，却没有谈及其刻石。宋代儒教徒说寺中有此碑刻，可能是误传。（常盘大定 文）

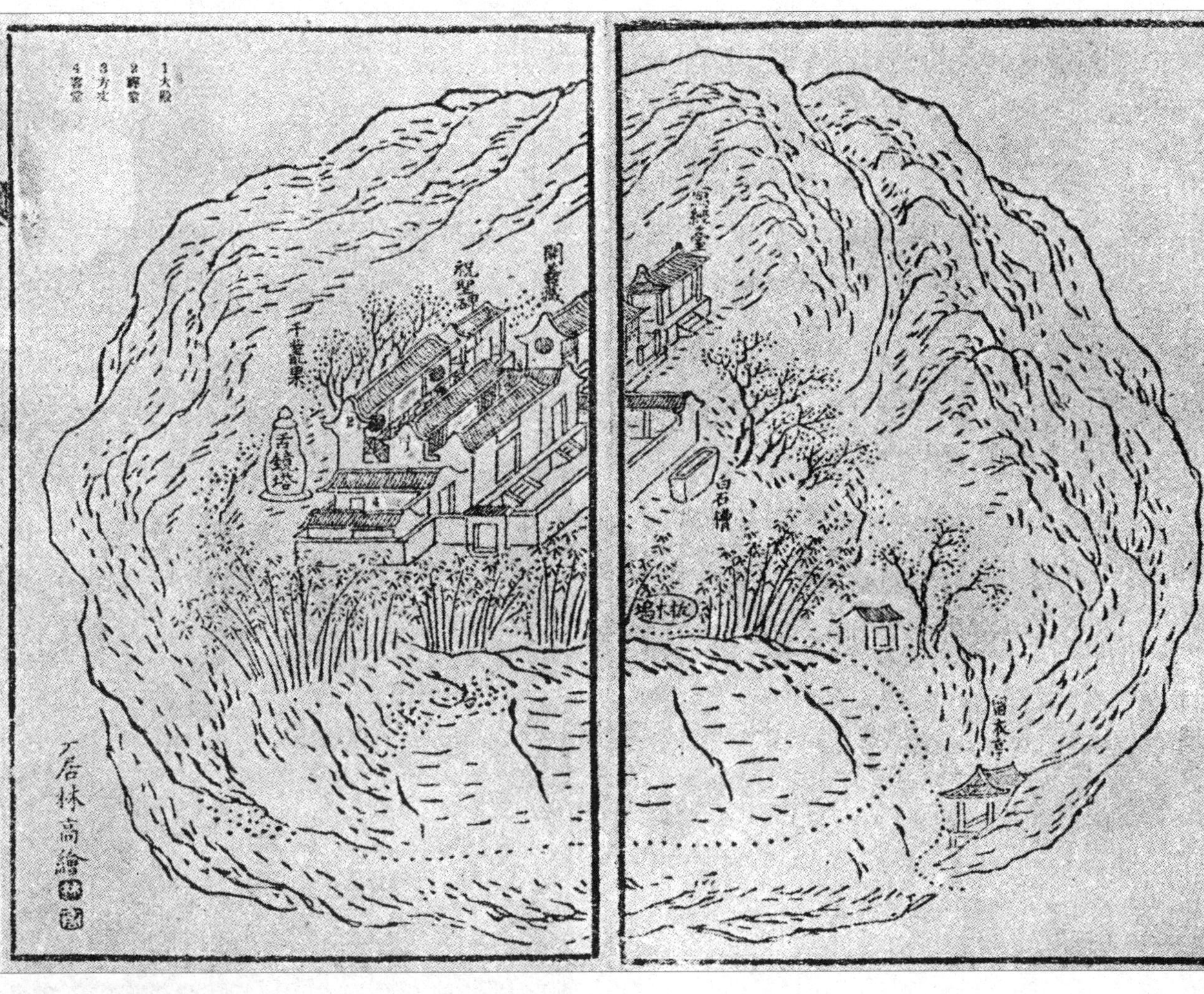

灵山总图 ·《重刻灵山正宏集》所载

开元寺

开元寺是潮州第一唐代古刹。《志》记载道:“宋时林绍坚、元时余英先后捐田八千余亩，悉为豪有侵占。知县金一凤复之，改为丛林，延罗浮行僧密因开堂说法。其徒静会嗣为主席，戒律森严，四方衲子云集。清康熙十九年，知府林杭学同郡人重修。乾隆十五年，大方伯吴公谦鋕，清查通省寺租，提解充公。开元寺亦在提解之列，自是供佛饭僧，岁有定额。”而这竟致使开元寺年年走向衰颓。

开元寺的现状(1929年1月3日):寺址规模宏大，尚留有名刹的余影。该寺以天王殿、大雄殿、藏经楼为中心，右有方丈、讲堂，左有香积厨，其他还有诸多建置。

天王殿为单檐，大雄殿为重檐。屋顶皆为歇山顶，梁端作垂花装饰，斗拱的托架从外面看不见，独具特色(图62、图64)。

天王殿内部柱梁斗拱，结构复杂而整齐，充分展现出木材建筑的绝妙之处(图63)。天王殿外，左右两边有宏大的陀罗尼幢。大雄殿前，左右两侧有石幢和石狮(图64)。天王殿外的石幢经受千年风雨的侵蚀，又遭周围民家污损，然而四重基坛的雕饰、柱上五重的顶盖和受花，均表现出当代富赡之构思(图61)。大殿前的两个石幢受到更多的侵蚀。左幢的柱身以上部分特别值得注意，虽然经过后世修补，但其姿态雕

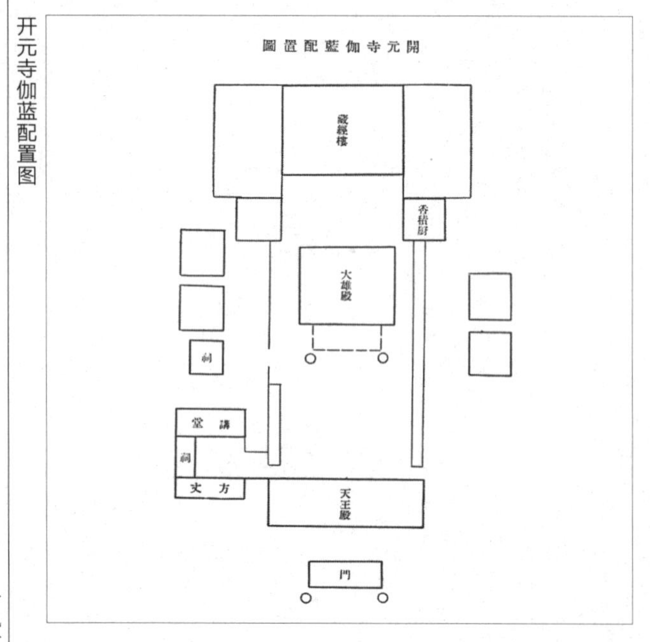

开元寺伽蓝配置图

琢，仍能令人想起当时的盛况。石狮亦有相当可观之处(图65)。

大殿内悬挂着铜钟，宋代政和四年铸造(图66-1)。

藏经楼有两层，藏钦赐龙藏(图66-2)。大殿内有清碑数个。由是可见，现在的建置是新朝时代重建之物。(常盘大定 文)

图 62 · 开元寺 · 天王殿背面

青年圖書社

图64・开元寺・大雄殿

图 63-1・开元寺・天王殿背部细部

图63-2・开元寺・天王殿天井虹梁

图61・开元寺・天王殿前陀罗尼幢

图65-1·开元寺·大殿前右方陀罗尼幢

图 65-2 · 开元寺 · 大殿前左方陀罗尼幢

图66-1・开元寺・大殿内铜钟

图 66-2・开元寺・藏经楼

湖南南岳

NANYUE DISTRICT, HENGYANG CITY OF HUNAN PROVINCE

GUANGZHOU CITY OF GUANGDONG PROVINCE

SHAOZHOU CITY OF GUANGDONG PROVINCE
RUYUAN COUNTY OF GUANGDONG PROVINCE
CHAOZHOU CITY OF GUANGDONG PROVINCE

NANYUE DISTRICT, HENGYANG CITY
OF HUNAN PROVINCE

HENGZHOU (ANCIENT NAME FOR HENGYANG CITY)
OF HUNAN PROVINCE
YUEZHOU (ANCIENT NAME FOR YUEYANG CITY)
OF HUNAN PROVINCE
WEISHAN TOWNSHIP OF HUNAN PROVINCE
CHANGSHA CITY OF HUNAN PROVINCE

南岳是湖南省衡山的通称。《尚书·舜典》里有“巡守至于南岳”的语句，这是典籍中首次出现有关南岳的记载。南岳为汉代以来朝廷祭祀之地。根据记载，南岳高四千一十丈，周围八百里，与东泰、西华、北恒、中嵩并称天下五岳。南岳又称寿岳，由七十二峰组成，以祝融峰为首，天柱峰次之，其他为小辈。岳麓山位于最北部，为南岳之足。图 82 是从南天门下拍摄的南岳大观，图 95 为南岳全景，图片中央为南岳庙。

五岳自古以来为天下信仰之所向，是道士重要的修道地。南岳与佛教的关系，始自陈代的慧思禅师。唐代以后，这里的佛教徒数量突然大增，在佛教史上留名者颇多，如禅宗第七祖怀让、第八祖石头、怀让的法嗣马祖、参于石头的丹霞、之后有善导之称的念佛法照，皆为重要人物。慧思的故址为福严寺及上封寺，怀让的遗址是福严寺和磨镜台，石头的故地为南台寺，法照的遗址是祝圣寺。南岳的宗教情调以及戒律训练，具有其他地方匹俦罕见之优点。（常盘大定 文）

图82·南岳·从南天门下的远眺

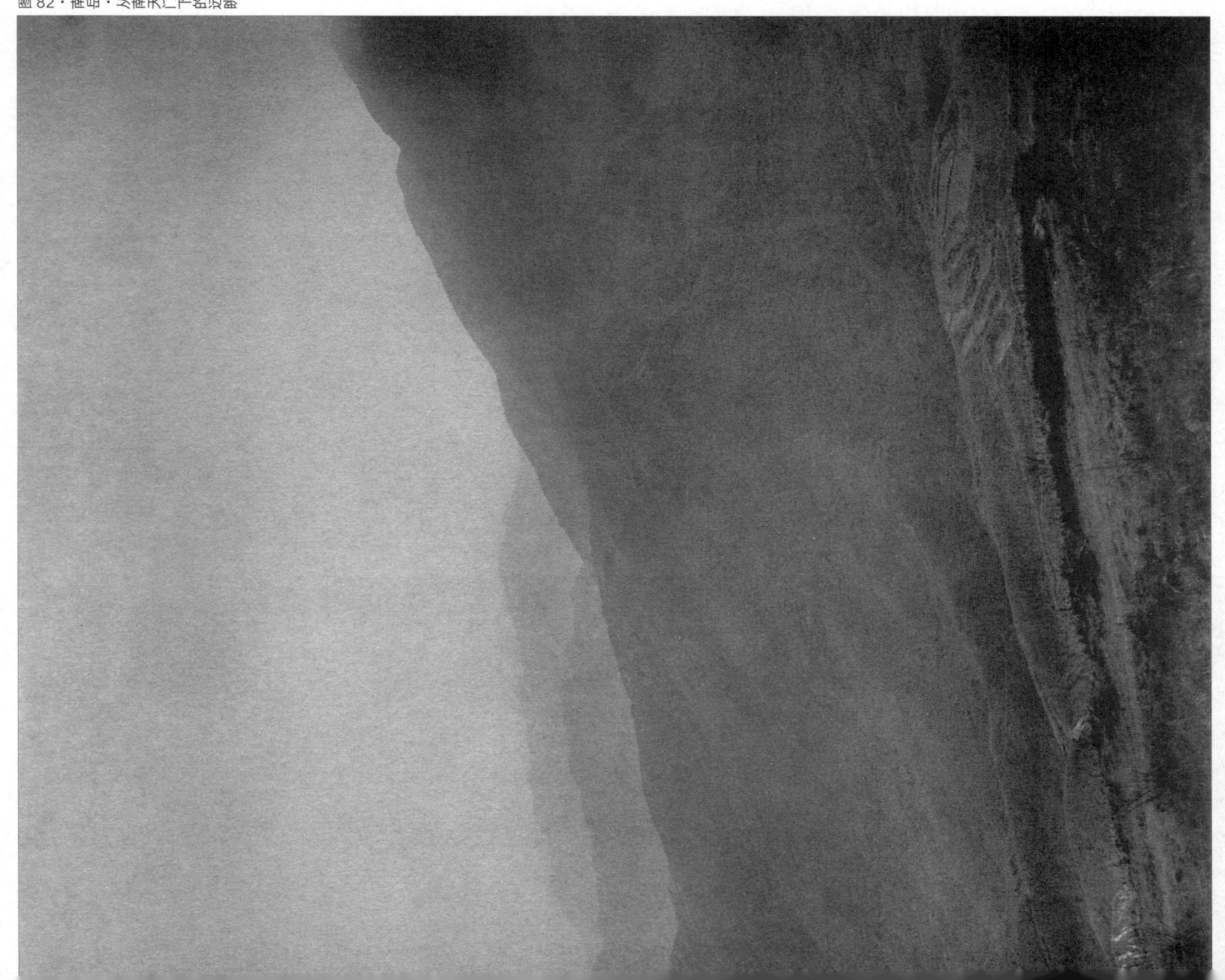

岳麓书院

岳麓书院位于南岳七十二峰之一的岳麓山脚下，故有此名。书院于宋开宝年间（968—975）由郡守朱洞创建，时间晚于石鼓书院和白鹿洞书院。四十余年后，大中祥符八年（1015）始赐此名。当时，山长周式被召，并被拜为国子学主簿使，获赐中秘书。于是，书院之称闻名于天下，登堂者相继不绝。然而，一百一十六年后，书院遭遇绍兴（元年，1131）兵革，化为灰烬。其后，刚重建又被毁坏，遂委于荒榛。又过了三十五年，至乾道改元（1165），建安刘侯来治湘，士人有志者请以书院，刘侯大赞之，命郡教授郭颖董其工事，遵照旧规，为屋五十楹，并加藏书阁于堂之北。张南轩受命司教事，作《岳麓书院记》。三年后，朱晦庵来此地，听张南轩讲胡五峰之说，而论《中庸》，手书“忠孝廉节”四大字，并与张南轩携手登南岳。于是，书院名声越来越大，闻名而来的学徒有上千人，书院之盛甲天下。朱子与张子对于科举弊端均感痛惜，两人以满腔热情致力于岳麓、石鼓这种作为处士旧庐的书院的复兴。

长沙到岳麓之间横着一条湘江。江上有个渡口，叫朱张渡。据说，在岳麓学院讲书的朱子和张子相携在此横渡湘江，经方广寺登南岳。朱张渡之名由此而来。

岳麓书院如今（1921年12月25日）被作为湖南公立工业专门学校教场使用，院内许多碑刻是清代以后的作品，朱子的四大文字也属于近代石刻。书院内所保存的古迹中，特别值得注意的是唐代李北海书写的麓山碑。

图75是从《亚细亚大观》中转载下来的，拍摄于1927年。

岳麓山及岳麓书院的现状

往西横渡湘水，上岸后可以看到一块华表，上面有“岳麓书院”之榜。过华表，一路往西行，路尽头处有一书院，书院背后是岳麓山。其间有自卑亭、魁星楼和三间大夫祠。祠内安放着屈子神位，现在成了工业专门学校（图76）。往南进入书院，首先看到文庙，庙前小池中央有吹香亭。走不远，入一堂，额上写着“名山坛席”。这就是书院讲堂，四壁有朱子亲笔书写的四个大字。外墙壁上有清代欧阳正焕书写的“整齐严肃”四大字，内墙壁写着它的来由。还有一块石板，上面刻着王九溪等人的学规及读书法等。要登岳麓山，首先得通过祭有第一革命志士黄兴、蔡锷之地后，再进入一条通往岳麓山上的平坦大道。登片刻，入枫林峡，左边可以看到爱晚亭，到万寿寺。再走一段路，便到了蔡松波（蔡锷）先生之墓。再经过印心石屋、云麓宫和望湘亭，便来到了黄兴先生之墓。然后，再往右登上山顶，便可以看到禹王碑。（常盘大定 文）

图 75 · 岳麓书院 · 全景

图 76-1 · 岳麓书院

图 76-2・岳麓书院

麓山寺碑

麓山寺碑在长沙衡山县岳麓书院内，唐开元十八年，由前陈州刺史李邕撰文并书（图77）。

根据碑文，可知以下事实：麓山寺建于晋太始四年（268）。窦后为纪念法崇禅师，舍旧居而为寺。至太康二年（281），有法导禅师者，大起前功，增备法物；有法愍禅师者，紧跟其后，居于此地。至刘宋元徽中，王右军之孙、尚书令湘州刺史王僧度见法宇之倾，期有兴葺之举，而遗事未彰。至梁天监三年（504），刺史夏侯祥别构正殿。至绍泰二年（556），刺史王琳与律师法贤协力建涅槃像，长沙内史萧沈纳贝叶。陈代司空吴明彻、隋代侍中镇南晋安王和乐阳王，共构回廊。其后，昙捷法师之时，总管大将军齐郡公权武疏写四部，智谦法师创立花台。其后，摩诃衍禅师和首楞法师相继担任住持，寺门便越来越兴旺。为了记下这些寺史，上座惠界寺主惠亶、都维那兴哲等人发起，在司马西河窦彦澄的协助下，立下此碑。

碑文中记载的住持之名，没有一个出现在僧传中。唯开皇九年(589)天台大禅师诸事，为人所关注。天台大禅师乃智𫖮，这不必多言。参见《国清百录》卷四记载的智者大禅师年谱事迹可知，开皇九年，禅师五十二岁之时，陈灭亡，禅师到达荆州，感梦止于匡山。在禅师的传记中，没有一处谈到禅师此年至长沙。而根据此碑，我们可以推测，禅师是在赴其故乡荆州途中至长沙的。碑文谈到，其后首楞法师远涉吴会，幽寻天台。这证明了岳麓山与天台山之间很早以前就有因缘。

麓山寺又称岳麓寺，或称鹿苑寺，如今称为万寿寺。远者以晋代法崇为开祖，近者以南泉普愿的法嗣唐代景岑为开山。至唐代，它与附近的道林寺一起突然在佛教史上名声显赫。至宋代，有慕喆禅师，到明代有憨山德清。而道林寺有佛果克勤及无备师范曾经住过。自鹿苑寺移至南台寺者，有德洪觉范。德洪因《禅林僧宝传》和《石门文字禅》而驰名中外。可以说，麓山寺是唐宋时代禅门文学的中心。此地有儒教的岳麓书院，故首屈一指的佛教学德集于此，也再自然不过了。（常盘大定 文）

图77・岳麓书院内・麓山寺碑拓本

神禹碑

岳麓书院背后山顶上有神禹碑，还有第一革命志士黄兴之墓。

据传，神禹碑乃禹治水后刻于南岳岩石上的，或称碑在南岳岣嵝峰，或称在衡山县云密峰。唐刘禹锡与韩昌黎诗中都出现过此碑的名称，可见，此碑存在的传说是非常明确的，而两人却都没有亲眼见到它。其后，宋欧阳修《集古录》、赵明诚《金石录》、郑夹漈《金石略》对此毫无记载。朱子与张南轩游南岳寻访，未获结果。此碑最早出现于世间的时间，是在南宋。有关此碑的传说多种多样。或传从前有樵夫见之，南宋嘉定初，有蜀人何贤良者，由樵者引至其所，将它拓下带回，刻于夔门峡中，隐藏起来，碑文凡七十二字。其后，明有张季文者得之，公之于世，并说:这是宋嘉定期间何贤良自南岳摹来、刻于岳麓书院的，凡七十七字。云云。或传嘉定壬申之岁（五年，1212），何贤良游南岳，从山志中得知有禹碑，于是到处寻问，遇一樵夫说见过此碑，便请樵夫带路，找到石碑，摹之回来后献给长沙连师曹彦约。曹大喜，发牒令人搜访之，后有人报告说，所谓的禹碑，乃何贤良之诳惑也。云云。有关南宋有人发现禹碑，这本身就有各种说法，且南宋时发现的碑石被隐藏了起来，似乎到了以后才有人说是明代的张季文发现了它。其后，或有人怀疑，或有人相信，各种议论颇多。笔者常盘于1921年在旅途中，见到这样的碑石，多达四个。

（1）岳麓山顶上的石碑（图78-1）

（2）石鼓书院的石碑（该石碑没能拍照下来）

（3）归德府衙门的石碑（图78-2）

（4）南京栖霞寺背后的石碑（图80）

岳麓山顶的石碑，右侧加有“嘉定壬申秋用七十二工”等文字，所刻之文模糊不清。据传何贤良刻于峡中隐藏起来的石碑，就是此碑。这难以令人首肯。钱大昕断言:这是从杨用修、杨时乔、安如山等的翻刻中流传下来的，是宋人的伪作。这样，从研究角度上看的话，有各种不同的见解;笔者将这些从有名之处收集而来的拓本汇总在一起看。通过对它们进行比较，可判断其文字不一致之处。

《金石萃编》的作者王昶认为，此碑是岣嵝碑。有关此碑的记载刊在该书卷二夏之部。注中写道:“诸家刻本，高广行字不等”，接着写出碑中的文字，列出杨慎的释文及长山刻本的释文，然后引用五家的说法，最后作者王昶写道:

按，昶所藏岣嵝碑有四:一在云南昆明（刻本一）;一在四川成都（刻本二）;一在长沙，乃明嘉靖初太守潘鉴所得（刻本三）;一在西安，康熙中毛会建所刻（刻本四）。之后见一拓本，乃明安如山等依杨氏本所摹，其石在绍兴禹陵（刻本五）。《石墨镌华》及《金石存》谓:杨时乔刻于栖霞（刻本六）。嗣后容瑞刻于甘泉（刻本七）。张襄刻于新泉精舍（刻本八）。又有高氏刻本，见《墨林快事》（刻本九）;汲县刻本，见黄叔之记（刻本十）。康熙中通江李刻于黄县，见所撰记（刻本十一）。钱唐姜氏家藏无名氏刻本（刻本十二）。又据李藩碑记，济南长山有石刻（刻本十三）。此碑自南宋始出，杨慎、杨时乔、安如山、郎瑛诸人深信不疑。余皆斥为伪物，今亦究无确证。

王昶列举了十三个刻本，其中刊载了长沙刻本与栖霞刻本，而没有刊载归德刻本与石鼓刻本。这样，在中国全土，刻有此碑者，多达十五处以上。然而，至于其真伪，笔者与王昶一样，暂时不下结论。图79-2的拓本是盐谷温博士亲自于1912年从南岳岣嵝峰拓回来，割爱给笔者的。据说，这不是摩崖刻，而是碑刻。

图80是杨时乔于万历三十一年二月刻于栖霞的刻本。图81是与碑一起立下的记。记的内容为:杨时乔认为，宋嘉定壬申，何致子于祝融峰得到这个碑，并将它摹了下来，留下一本自玩，另一本献给曹转运誉约，当时便刻于夔门观中及岳麓书院后这两处。（常盘大定 文）

图78-2·归德·禹碑（河南归德）

图 78-1 · 岳麓山 · 禹碑

图 79-1 · 岳麓山 · 禹碑拓本

图 79-2 · 南岳岣嵝峰 · 禹碑拓本（湖南衡山）

图 80 · 摄山 · 禹碑拓本（江苏江宁）

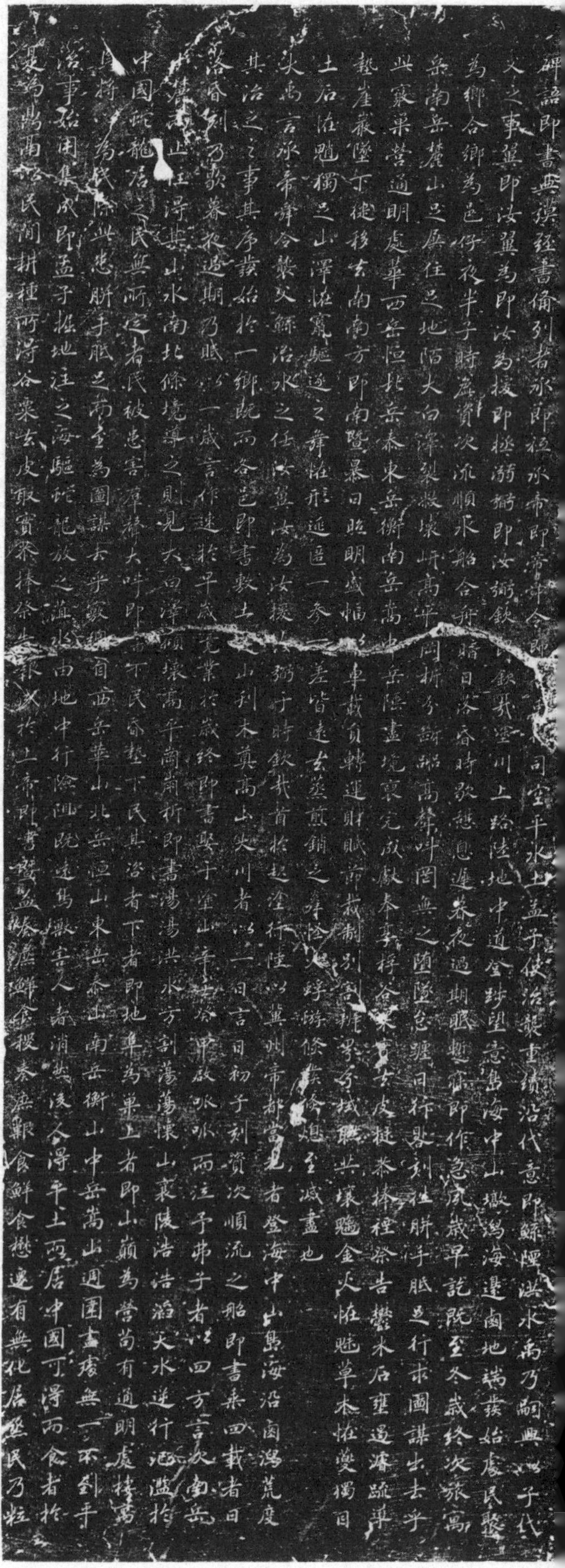

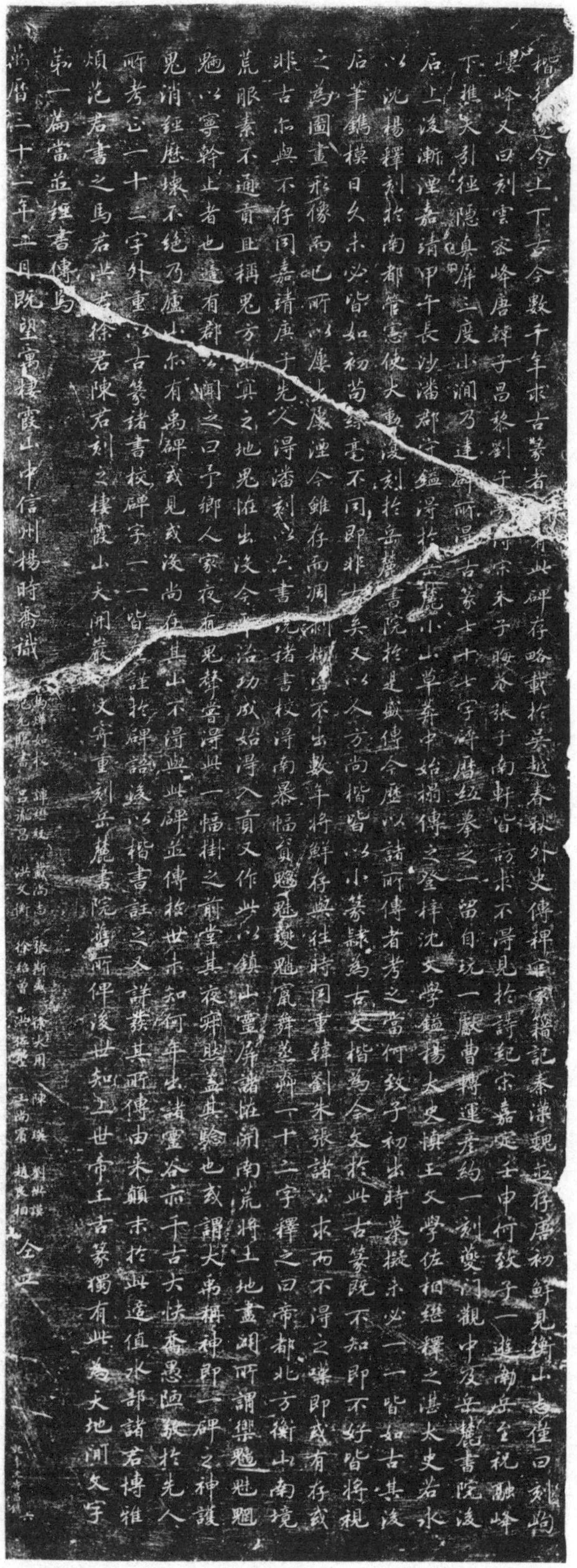

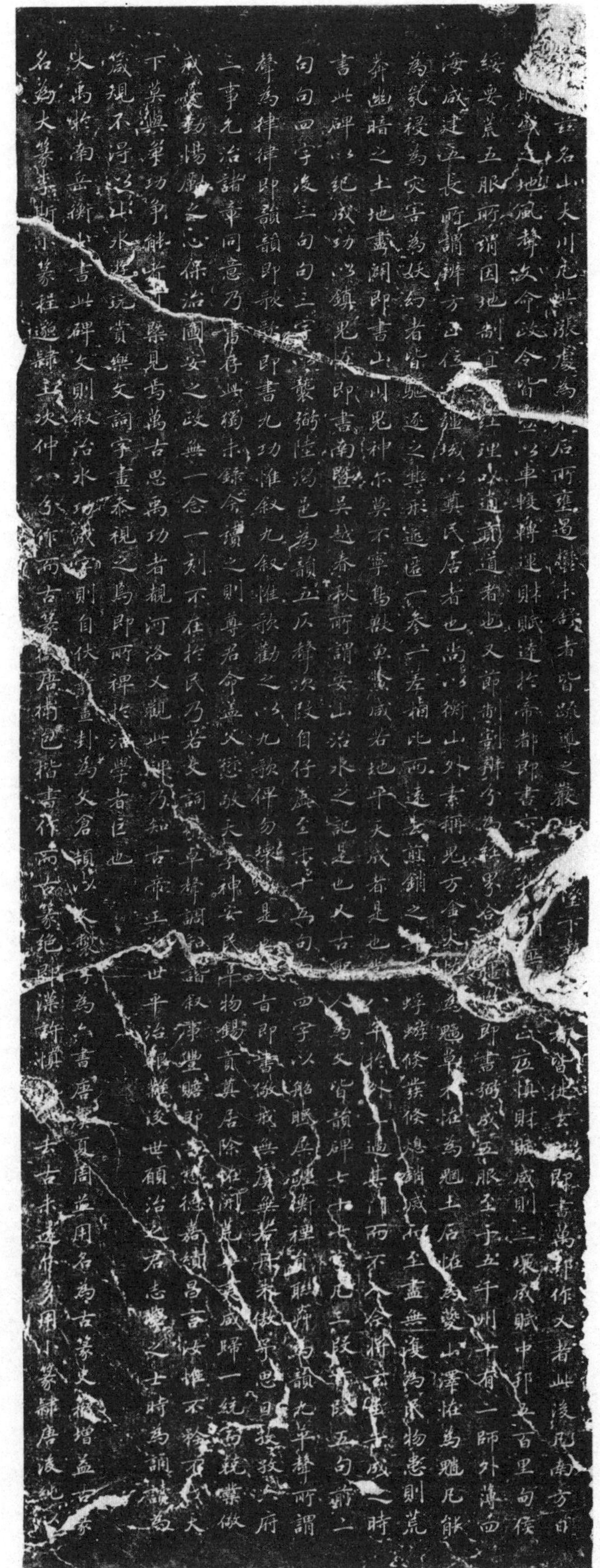

图81・摄山・禹碑缘起拓本（江苏江宁）

祝圣寺

祝圣寺位于南岳东南麓、岳庙之左，前身为胜业寺，康熙四十六年（1707）建行宫，敕改称祝圣寺（图83-2）。据说，唐代般舟道场弥陀寺就是此寺。如果是这样的话，则此寺为法照之师承远的遗址。光绪年间立的碑文上刻有法照之名。我们可以由此猜测，祝圣寺与法照之间颇有因缘。如今（1921年12月27日）它属于临济宗。天王殿正面悬挂着“南无阿弥陀佛”大字匾额（图84-2）。大雄殿的朝暮五会的念佛看经及作法，具有其他地方观赏不到的宗教蕴味（83-1）。看经后回向的祖师善知识的列名中有莲社九祖，列举如下：

庐山初祖东林慧远大师——东晋
长安二祖光明善道大师——唐代
南岳三祖般舟承远大师——唐代
长安四祖五会法照大师——唐代
新建五祖台岩少康法师——唐代
永明六祖智觉延寿法师——五代
昭庆七祖省常造微大师——宋代
云栖八祖莲池佛慧大师——明代
梵天九祖思济省安法师——清朝

古今莲社诸大善知识

据此可知，朝暮五会的念佛看经是由庐山莲社的念佛加上法照的五会念佛组成的。以上虽然只是单纯的列名，但根据这些列名，人们可以知道白莲社念佛于何时由何人复兴并普及推广，可以了解到以前善导、善道通用之事。法照前面冠以长安二字，这可能是因为他曾于唐代宗时被召为国师的缘故。不过，若写为五台，则更为合适。

南岳念佛的发源地远在庐山。更准确地讲，应该说它是从唐代承远、法照继承而来的。承远在弥陀寺，而法照在云峰寺。弥陀寺为现在的祝圣寺，故应在岳庙之左。而根据《南岳志》的记载，云峰寺与双峰、化成、崇宁、金宝、天堂、南台、龙塘七寺一起位于庙右。

根据《佛祖统纪》卷二十六，承远始学于成都唐公，至荆州，进学于玉泉山真公。真公指授他居于南岳衡山。庐山法照于定中见到承远，出而求之，得于南岳，乃从而学，传教天下。法照在代宗时为国师，故承远之名因法照而永远流传。法照这样谈其师承远：吾师有异德，天子南向而礼焉，度其道不可征，乃名其居曰般舟道场，用尊其位。承远始居山西南岩石下，人遗之食则食，不遗则食土泥草木。其取衣类是。南极海裔，北自幽都，来求道者接踵。崖谷里有羸形垢面、负薪者。而问之，乃承远师也。不求而道备，不言而物成。人皆负布帛、斩木石，委之岩户，不拒不营，祠宇既具。德宗诏而嘉之，赐弥陀寺之称。正元十八年（802）终于寺，寿九十一。柳宗元撰碑铭，立于寺门。云云。

我们从这记录中可以清楚地看到承远念佛行者的状况。其念佛本于自然，寺门的弘扬便也自然而然。根据《玉泉志》，指授承远居衡山的玉泉真公，乃南阳惠真。惠真与金州怀让一起从学于当阳弘景。弘景是学《止观》于章安灌顶、帮助实叉难陀翻译《华严经》的僧人。由此可知，承远之师惠真是与南岳怀让一起从学于玉泉弘景的。根据《岳麓志》，柳宗元所撰写的般舟和尚碑于南宋嘉定壬申（1222）由伊贤郎所拓，其后冻裂。

《宋高僧传》卷第二十一有《唐五台山竹林寺法照传》，传记这样写道：代宗之朝，大历二年（767），法照居衡州云峰寺。一日，法照于僧堂内粥钵中，睹一山寺，寺庙悬挂着“大圣竹林寺”的金榜。他日，复于钵中见山寺。问游于五台山的嘉延、昙晖二师，得知此山寺在五台。大历四年，法照于衡州湖东寺开五会念佛道场，又见弥陀佛及文殊、普贤等一万菩萨现身于此会。以后，法照遇一老人劝其往五台山，乃与同志数人，远诣五台。大历五年，法照至五台山佛光寺，见东北五十里许的大山以及涧北五里挂着金榜的大圣竹林寺，果然都与钵中所见的情景一般模样。法照乃入寺，登讲堂。文殊坐在师子座上指授法照道：“佛道修行之要法，无过念佛。唯念阿弥陀佛之愿力不可思议。如若继念，则命终之后，决定往生。”法照与华严寺五十余僧，同往金刚窟，又见文殊、普贤等一万菩萨及佛陀波利，遂于华严寺华严院，入念佛道场，绝粒以期往生。一梵僧谓曰：“师所见台山灵异，胡不流布，普示众生？”于是，法照忆所见，录以传世。其后，在所见的竹林寺之处建寺，称为竹林寺。大历十二年，与弟子八人，又于东台见奇瑞。法照依照此等灵瑞，笃巩其心，修炼无旷，不知其终。

根据以上的记录可知，法照在五台山创建竹林寺，在山上一直住到大历十二年，而其去世时间与地点皆不详。《佛祖统纪》第廿六及《莲宗宝鉴》卷四法照传在叙述五台瑞灵一事时，与上述的《高僧传》完全相同，只是最后有差异。这两书记载道:“法照于华严院一心念佛时，忽见佛陀波利现身，谓之曰:‘汝华台已生，后三年华开矣，何不将此奇瑞使众生共知之?’法照乃刻石为图，于见处建竹林寺，事毕后，别众坐逝。果三年也。”这是认为法照于大历八年圆寂于五台山竹林寺。此外,《佛祖统纪》第二十六还记载道:“法照于并州行五会教化人念佛时，代宗于长安宫中常闻东北方有念佛声，遣使寻之至于太原，果见法照教化之盛，遂迎入禁中，教宫人念佛，亦及五会。”并在注下写道:“柳子厚之南岳碑云，代宗时法照为国师。”该书第四十一将并州之事置于德宗兴元元年(784)条下，这是谬误。

法照的传记满是奇迹，而且含糊不清:首先，其乡贯不明;其二，寂年寂地不清，或曰寂年为大历八年、寂地为五台，或曰大历十二年后不知所终;此外，有的还讲到法照教化于并州太原，迎入长安宫中后成了国师。(常盘大定 文)

图 83-2・祝圣寺・三门

图 83-1 · 祝圣寺 · 大雄殿

图 84-1・祝圣寺・大殿前

图 84-2・祝圣寺・天王殿

南台寺

南台寺位于南岳天柱峰半山腰，乃唐代石头希迁的故址。石头初见韶州曹溪慧能，灵机一发，出家罗浮山，闻慧能之法嗣行思在庐陵青原山，又从之，领得心要。行思门人甚多，得石头后，喜曰："众角虽多，一麟足矣。"当时南岳出于慧能之门者有怀让、明瓒和固公三人。石头追随其后，于衡山南寺之东的台石上结庵居住，世人尊之曰石头和尚。怀让、明瓒和固公三人十分推崇石头，对其徒云："彼石头真狮子吼，必能使汝眼清凉。"门人归崇者越来越多，当时有人称：不见江西马祖与湖南石头者，不足于谈道也。石头于贞元六年（790）年九十一寂，门人慧朗、振朗、波利、道悟、道铣、智舟等建塔于东岭。三十年后，国子博士刘轲撰碑记德，朝廷敕谥加无际大师见相塔之号。

南台寺的现状（1921年12月29日）：堂塔大体完备。藏经楼藏着日本赠送的黄檗本大藏经。天王殿内有一块石碑，刻着"日本僧赠藏经记"。碑旁另有一块重修南台寺记之碑（图85-2），光绪三十一年立。碑的内容为：曹洞、云门、法眼三宗皆出自石头，名为南台派。此寺遂成为天下法源，为千余年来高僧之渊丛。进入清朝后，乾隆嘉庆八十余年间，不肖者趁道法陵夷，分移寺产于岳庙西廊，各建私庵，或曰老南台，或曰新南台。于是，古刹名蓝，沉沦榛莽。此时，迁祖一塔亦湮没。其后，有心者百方寻之，而无一知者。光绪十六年（1890），僧妙见偕西蜀马福臣大令共游福严寺，礼思祖塔，访南台遗址，见一巨石缸尚存，掀开乱石，得唐相裴休所书碑文的唐敕谥无际禅师见相宝塔。云云。

见相塔在南台寺下四里许处，清朝曾修葺过，已不是原来的唐代遗物。不过此处的确是石头和尚遗址，这一点尚可满足访客的心愿。墓塔所在之处，视野开阔，可以俯瞰岳庙。访客景仰身处绝岩的石头，会联想起石头当年在此生活的情景（图86、图88-1）。图88-1的塔后石牌上有见相宝塔的文字。在图86里，背景近处高耸的山峰乃南台寺所在的山峰。远处高耸的山峰隐然可见，乃南岳七十二峰中的第二高峰——天柱峰。福严寺在天柱峰东南麓。（常盘大定 文）

图85-1·南台寺·前面

图 85-2 · 南台寺 · 重修南台寺记碑拓本

图 86 · 南岳 · 唐石头希迁禅师见相塔

图 88-1・南岳・唐石头綎禅师见相塔

福严寺

福严寺在南台寺上方三里处，位于天柱峰东南麓，乃陈时慧思、唐时怀让的故址（图90）。慧思在此地讲《般若经》与《中论》，故福严寺当时被称为般若道场。而有禅宗第七祖之称的怀让，在此地作狮子吼。因此，福严寺称慧思为开山，怀让为开法。如今（1921年12月29日），福严寺属临济法系，主要有七祖遗迹，而慧思只是在记录上留有其名而已。寺内无一碑。

慧思是一位因法华三昧而有顿悟、以定力而在佛教史上有地位的高僧。陈代光大二年（568），慧思带领四十余僧人入南岳，至一岩下，曰："吾昔坐禅于此，贼斩吾首，自尔命终。"众人一起寻觅，得枯骸一具。世人称此岩为一生岩（图93-2）。慧思又指西隅大石道："吾昔居此。"细寻其下，果获骷髅，为起塔而报昔时之恩。世人称之为二生塔。慧思又巡至林泉竦净一佳处，曰："此古寺也，吾昔住此地。"掘之，得堂基及僧器。慧思在此筑台为众说《般若经》，世人称之为三生藏。一生岩、二生塔、三生藏乃基于慧思的宿命通力而产生的，故当时的三生藏应该就是现在的福严寺。

南台寺与福严寺之间有三生塔院，背后山丘上有三生塔（图91-2、图92、图93-1）三生塔是为了纪念慧思三生而建造的。图92为全景，有三塔鼎立之中的中塔及左塔。图93-1为中塔，其背后有石牌。这些建筑均为最近建造的，无需多费笔墨。

据传，慧思寂后再生于东海。慧思寂后一百五十多年，鉴真谓入唐日僧荣睿、普照曰："慧思生于东海，成为国王，兴隆佛法。"这大概是因为慧思与日本圣德太子在《法华经》上有密切关系，且慧思笃信三生，让人以为会有再生。东海再生的信仰，抑或是圣德太子信仰反映于大陆，抑或是大陆信仰反映于太子身上，到底怎样，真相不明。然而，在大陆，该信仰似乎在慧思寂后不久便已出现。五代《洞山语录》中也有一节谈及慧思大和尚再生为国王之事。若将它视为日本信仰反映于大陆，则可能不妥；而若将它解释为大陆自身产生的说法，则较为合适。

慧思禅师作为法华三昧的证悟者，啧啧有名。特别是由于他培养了天台智者大师而在佛教史上占据了重要位置。《续高僧传》的作者南山道宣在该书卷第十七中极口赞道：

自江东佛法，弘重义门，至于禅法，盖蔑如也。而思慨斯南服，定慧双开。昼谈理义，夜便思择。故所发言，无非致远。便验因定发慧，此旨不虚。南北禅宗，罕不承绪。……自佛法东流，几六百载。惟斯南岳，慈行可归。

据传，菩提达摩盛传禅法之际，从之者无，徒有一片责难之声。这大概是因为当时佛教界只倾心于讲论，不理会凭禅法直接参到佛心之事。只有慧可与道育二人师事达摩。慧可与慧思是同一个时代的人，师承虽不同，但共立于定慧双运，且由定而及慧之途径与常途的佛者完全相反。慧思借助于《法华经》而慧可借助于《楞迦经》，两者在这一点上有异，然而，与时代只朝义门发展的方向相反，两人态度皆由定解经、由定体现之，符节相合。慧可法系稍微不明，而慧思法系由智顗发扬光大而普及南北。道宣赞道："南北禅宗，罕不承绪。"《景德传灯录》特别将慧思与智顗作为禅师加入附录中。中国禅宗有赖于慧思之处很多，这是不争的事实。

慧思作为禅师的一生是从读《妙胜定经》、受经中的一切佛法由定而发之说所激发而成。当时，北齐慧文悟得一心三观，有数百门徒，法清道高。慧思倾心师事，不惮劳苦，昼夜摄心，发少静观，见一生来善恶业相，进而发本初禅，身不随心，自知此皆业作。于是，领悟到外境本来无，心源原本无业本，心与境共豁然，由此而至无苦。然而，又无所获，自伤皆空无得，放身倚壁，未及壁顷，霍然开悟，法华三昧，大乘法门，一念明达，不由他悟，十六特胜，便自通彻。这就是说，出空观而达中观。

其后，慧思加倍修练前观，名声远闻。四方钦德，学徒日盛。与此同时，是非由起，慧思为怨嫉而几乎遭受鸩毒之厄。当时，魏末动乱遍及北方，慧思南下至光州，值梁孝元帝倾覆，国乱，前路梗塞，权止大苏山。其地正是陈齐边界，兵刃所冲。然而，为轻生重法的念头所驱，冒险而至者众多。智顗也是其中一人。慧思造金字《般若》《法华》两经，应请讲之。其后，命智顗代讲金经。智顗讲至"一心具万行"处，有疑请决。慧思为释曰："汝所疑，乃《大品般若》次第意耳，未是《法华》圆顿旨也。吾昔日苦节思此，后夜一念，顿发诸法。吾既身证，不劳致疑。"

时烽警忽起，人皆不安其心，慧思又遭遇异道之毒。慧思预见佛法大难将至，为避此难，求能护持佛法之地，于是径往武当南岳。从其《发愿文》中可知慧思护法之心强烈。慧思于陈代光大二年（568）入南岳，十年后，于大建九年（577）入寂。时间为智顗进入天台前两年。慧思进入南岳后，山门告集，日积高名。九仙观道士欧阳政怀嫉密告朝廷，诬告北僧慧思受北齐之募，山中埋藏兵器。慧思为此被召至金陵，遭受拘问，然而最后得到宣帝的殊礼，视为大禅师。慧思大禅师的嘉称自此而有。

慧思禅风具有动感。他曾一昼夜废饮食而与栖霞慧布论大义，以铁如意打案叹道："千里空矣，无此知者。"从这样的风格中我们可以看到后世禅机的影子。而从慧思顿发自证的经历中，我们会想起唐末以后禅家的顿悟。慧思的顿悟与禅机是中国禅宗的先驱，佛教史需要对此特别注意。《景德录》重视慧思，这是理所当然之事。（常盘大定 文）

图 93-2・南岳・陈慧思禅师一生岩

图 90 · 南岳 · 福严寺

图91-1·南岳·福严寺客殿

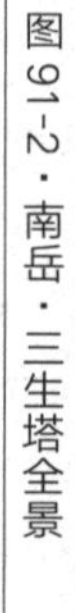

图91-2·南岳·三生塔全景

图 93-1・南岳・陈慧思禅师三生塔

图 92 · 南岳 · 陈慧思禅师三生塔

磨镜台

磨镜台在福严寺上方一里处，又称传法院或马祖庵，乃马祖道一得法于南岳怀让之故地，如今(1921年12月30日)仅剩一殿(图89-2)。

磨镜台南边有最胜轮塔，据传塔内瘗南岳怀让全身。轮塔的后面有山丘，前面有磨镜台，塔立于数重石阶之上，规模颇为壮观(图89-1)。塔乃清朝修筑，与石头禅师的见相塔属同一形式，土地高敞，茂松蓊郁，森严之气溢满四方(图87、图88-2)。据说怀让曾在观音台居住过，该台应该就是现在的磨镜台。又据说其高徒马祖将塔立于别峰上，该塔应该就是这座最胜轮塔。中常侍归登撰文之碑现在已经不见了。

怀让从荆州玉泉寺恒景(或弘景)律师出家，后拜六祖慧能的法子嵩山慧安为师，受慧安的启发，至曹溪参六祖，在六祖处得到启发大事后，入南岳，止于观音台。怀让所提携的众多学徒中，出了一个英杰——马祖道一。怀让于天宝二年(743)入寂。八年后，衡阳太守狐权舍衣财以充忌斋，自此每岁来此举行观音忌的仪式。可以说，怀让之所以重要，原因在于他培养了马祖。因此，后人将他与马祖之间的师徒授受之地专门称为传法院或磨镜台。

关于怀让启发马祖之事，有如下记载。

怀让一日取一砖磨之。马祖问何故。怀让曰:“磨作镜。”马祖问:“磨砖岂得成镜耶。”怀让曰:“坐禅岂得成佛耶?如牛驾车，车不行，打车即是?打牛即是?”

这样，两人来回辩难之后，马祖心灵得到一个转机。怀让之意可能不在于让马祖问砖，而要问人，不是让其问坐禅，而是让其问心灵。

有一位禅师与怀让一样，从嵩山慧安处转至曹溪慧能之下，其禅德也应该可以配得上第七祖的位置。他就是嵩山会善西塔的净藏。净藏在修禅上应该可以与怀让相匹敌。从其身塔的堂皇，可见其禅德之高。至于佛教史上作为第七祖的位置，两人不得同日而语。与南岳名声之高相反，净藏却鲜为人知，导致这种差异的原因可能在于是否有有出息的法嗣。关于净藏的身塔，可参见本套丛书第二卷对嵩山的介绍。(常盘大定 文)

图 89-2 · 南岳 · 磨镜台门

图87・南岳・唐南岳怀让禅师最胜轮塔

图 88-2・南岳・唐南岳怀让禅师最胜轮塔

图 89-1 · 南岳 · 唐南岳怀让禅师最胜轮塔石台阶

上封寺

从磨镜台最胜轮塔横穿天柱峰半山腰，一边俯瞰着底下溪间的观音庵，一边往上爬，便可来到南泉山铁佛寺。从这里往西南方向眺望，峰峦叠嶂，景色壮观。有记载道:南岳以祝融峰为中心，天柱峰为弟，其他七十峰为儿孙辈。这些作为小辈的连峰有七个以上重复出现。再往上爬，便到达了丹霞古寺五岳殿。这里寺与观混在一起，乃丹霞天然禅师的故址。前方有一寺，名为湘南寺南岳圣帝，乃道佛二教调和之寺。过此寺，到达南天门。南天门上下有观音洞与文殊洞。过南天门，前方西北处出现祝融巨峰。这天（1920年12月30日）天气不佳，眼面的巨峰被来来往往的白云遮断，只在须臾之间露出山影（图94-1）。笔者一度下山后再往上爬，到祝融峰。磴道颇陡，山顶上有敕建上封寺。

上封寺旧称光天坛或白壁坛，隋代才开始称寺。陈代慧思禅师来此山，登赤帝峰，得岳神之诺，以此山为行道所，转动一石鼓，在其停下处造庙，让岳神坐在石鼓上。据传，该庙就是如今的上封寺。不过，这可能是为了调和佛道两教而编造的世俗说法。赤帝峰与鼓庙在下边远处。至宋代黄龙宗死心悟新的法嗣祖秀住于此地，鸿儒胡安国参于其座下。如今寺观的建置全部是新的（图94-2）。（常盘大定 文）

图94-1・从祝融峰的远眺

图 94-2・上封寺

南岳庙

南岳庙的前身为唐初设置的司天霍王庙、开元十五年建的南岳真君祠，经过宋元明各朝的重修，至清朝康熙、雍正、乾隆三代又得以重修，现在(1920年12月27日)仍在大兴土木，更换大石柱。南岳庙位于南岳之麓，规模可观(图95、图96-1)。

首先进天下南岳坊(图96-2)，前有石拱桥。过桥后有棂星门，东西有便门。入门后，左右有碑亭，钟楼与鼓楼。穿过其间，入正南门，有一座大碑亭(图99-2)。走片刻，出嘉应门。里面才是庙的圣域。圣域内有大御书楼(图99-1)，背后有雄伟的大殿(图97、图98-1)，再往后有寝宫(图98-2)。

大殿由内外七十二根柱组成，表示南岳七十二峰。

寝宫后有北门，门左右有注生宫和黑神祠。棂星门内有众多石碑，不过都是立于清朝时代。廓外有许多宫观，左方有寿宁宫。这是旧九真观，唐开元年中为司马承祯所住。张九龄曾屡屡谒之，可见他深受尊敬，世人称之为白云先生。据记，宫的西面有白云先生的药岩。笔者未得一见。

图95转载自《亚细亚大观》，拍摄于1927年。(常盘大定 文)

图96-1·南岳庙·全景

图 95 · 南岳庙 · 远景

天下南嶽

图96-2·南岳庙·门

图97·南岳庙·正殿

图 98-1 · 南岳庙 · 正殿

图 98-2·南岳庙·寝宫

图 99-1・南岳庙・御书楼

图 99-2 · 南岳庙 · 御碑阁

湖南衡州 HENGZHOU ANCIENT NAME FOR HENGYANG CITY OF HUNAN PROVINCE

湖南岳州 YUEZHOU ANCIENT NAME FOR YUEYANG CITY OF HUNAN PROVINCE

湖南沩山 WEISHAN TOWNSHIP OF HUNAN PROVINCE

湖南长沙 CHANGSHA CITY OF HUNAN PROVINCE

GUANGZHOU CITY OF GUANGDONG PROVINCE

SHAOZHOU CITY OF GUANGDONG PROVINCE
RUYUAN COUNTY OF GUANGDONG PROVINCE
CHAOZHOU CITY OF GUANGDONG PROVINCE

NANYUE DISTRICT, HENGYANG CITY
OF HUNAN PROVINCE

HENGZHOU (ANCIENT NAME FOR HENGYANG CITY)
OF HUNAN PROVINCE
YUEZHOU (ANCIENT NAME FOR YUEYANG CITY)
OF HUNAN PROVINCE
WEISHAN TOWNSHIP OF HUNAN PROVINCE
CHANGSHA CITY OF HUNAN PROVINCE

广东广州 □
广东韶州　广东乳源　广东潮州 □
湖南南岳 □
湖南衡州　湖南岳州
湖南沩山　湖南长沙

湖南衡州

文昌阁

衡州是与宋儒的开祖周濂溪有诸多因缘之地。濂溪为南方道州人，少而孤，由衡州舅氏龙图阁学士郑向抚养，并在衡州学书，后建书院于衡阳县学之右。书院周围凿沼，引西湖水，沼中种莲，故有爱莲亭之名，而书院以后名曰濂溪书院。笔者欲访濂溪故地，于是，于 1922 年 1 月 1 日特意造访，然书院早已倾圮，不复存在。据说，小西门外荷叶池中的建置乃其故址，而现在已由州教育会使用。笔者进去后，环视满堂空无一人，唯见壁间有一碑，剥落严重。碑中记载，此阁乃文昌阁（图 100-1），原本与周子爱莲亭相邻，以后爱莲亭废弃，仅阁独存。如果是这样的话，则引西湖水、种莲于沼之处，就是眼前的池子了。既然爱莲亭与文昌阁为邻，则此处必然是濂溪书院之故址。庐山白鹿洞书院由周子复兴，后由朱子扩大。虽然我们不清楚此处的石鼓书院与周子的关系，然石鼓书院因朱子一游而驰名天下，因此笔者认为，当时朱子必定也造访了周子故地。

图 100-2、图 105-3 是湘水。湘水发源于广西兴安县，经衡山县、湘潭、长沙，往北注入洞庭，长二千五百里。其间与蒲水合流，称蒲湘；又与沅水合流，称沅湘。自古以来，许多诗人文士在这条河上留下无数悲叹。这些图片的拍摄处靠近石鼓书院，远处望见的塔名曰来雁塔。眼前船舶往来，它们屡屡跃入文人墨客的笔头。（常盘大定 文）

图 100-1 · 文昌阁

图 100-2 · 湘水与来雁塔远眺

图 105-3・湘水(石鼓书院附近)

石鼓书院

石鼓书院位于衡阳县北二里、回雁峰下石鼓山上，乃蒸湘二水交汇之要地(图101-1)。书院旧称寻真观，内有石鼓，高六尺，故有石鼓书院之名。唐代有刺史齐映者，于山阴处建合江亭。元和年间(806—820)士人李宽在山巅建屋读书，这是书院建立的远因。至宋代至道三年(997)，有李士真者，请郡守建立书院。至景佑二年(1035)，集贤校理刘沅上请，得敕额，这被公认为是石鼓书院的起源。其后，书院稍往东移，成为州学，这个有历史渊源的书院因此而废。至淳熙十二年(1185)，使者潘侯依旧址建屋数间，以故额为榜，欲等候有志于学而不屑于课试之业的四方之士，不料功未竟而逝。其后，使者宋侯继承前志，大力扩建，规模仿照国子监，并择郡县秀才来学，更请朱子作记，由此天下驰名。朱子闻说张南轩嗣承衡山胡五峰之学，风尘仆仆来到长沙，与张南轩谈论三昼夜，并同登南岳，后朱子应请作《重修石鼓书院记》，为处士学，吐万丈气。笔者常盘于1922年1月元旦、农历十二月四日造访书院。“湖南第一联合县立乙种工业学校”及“石鼓师范讲习”之榜列于门上，门上国旗交叉(图101-2、图102-1)。教职员工按照阳历做完上午仪式，正忙于准备回家休息。内门有柱联，上书“修名千佛上，至味五经中”，为泰山经峪柱联上之文字(图102-2)。里面以嘉会堂和敬业堂为中心，四面有教场。敬业堂(图103-1)楼上，外安夫子像，内置诸葛武侯像。据说，这是为了纪念当年武侯勤兵至此而安置的。

敬业堂下背后、面向湖水之处有合江亭(图103-2)，里面有许多石刻。其中由张南轩书写的韩昌黎诗的石刻，最为出色。不过，笔者认为这是近代的复制品。往北对着江上看，江面满是船舶，远处耸立着的，据说是来雁塔。这是为了与南方上游远望如黛的回雁峰相呼应而起的名称。

位于南岳南北的岳麓、石鼓二书院，之所以能够名列天下四大书院，完全是倚靠朱晦庵及张南轩之力。而四大书院有哪些，因记载不同而有异，如下所示，有各种说法。当然，下列只是其中的一部分。笔者所列的五种说法中，全部出现的有只岳麓书院，有四种说法出现石鼓书院和白鹿洞书院，而其他则异说纷纷。

岳麓，石鼓，白鹿，嵩阳。

岳麓，石鼓，白鹿，应天。

岳麓，石鼓，白鹿，睢阳。

岳麓，石鼓，徂徕，金山。

岳麓，嵩阳，白鹿，睢阳。

图 101-2・石鼓书院・全景

图 101-1・石鼓书院・远景

图 102-1·石鼓书院·门

图 102-2・石鼓书院・入口

图 103-1 · 石鼓书院 · 敬业堂

图 103-2・石鼓书院・合江亭

湖南岳州

岳阳楼·君山

巴陵县西岳州府城西门楼是闻名遐迩的岳阳楼，它因唐代张说之笔而出名，因宋代范文正公之记而驰名中外。天地一移，人变物换。古楼几经破坏，如今的岳阳楼乃清乾隆五年所造。楼有三层，楼上的景观的确称得上天下驰名（图104）。近处西望君山，足下有一望无际的洞庭湖，奔流的湖水把游子之心带往遥远之地。岳阳楼在范文正公写下先忧后乐之记之前，已把印象深深地留在文人志士的心灵上，这大概是由于有唐代杜甫的名诗。其登岳阳楼的五言律诗这样写道："昔闻洞庭水，今上岳阳楼。吴楚东南坼，乾坤日夜浮。亲朋无一字，老病有孤舟。戎马关山北，凭轩涕泗流。"这首诗表达了诗人悲伤万分的情怀。

君山又称湘山、湘君山。湖内有一个小岛，如画在洞庭入口处的一点绿黛。这就是君山（图105-1）。相传，古时候，舜南巡不归，娥皇女英二妃在后面追赶不上，遂心怀无限怨恨投身湘江。后人于君山下建祠祭二妃。小岛岸边岩石嶙峋，绿树葱茏之间隐约可见一亭，亭用山墙顶封檐板建成。这就是朗吟亭，为二层高楼。登亭而望，洞庭尽收眼底，远处可眺望骗山和岳州，有些景致胜过岳阳楼。亭里祭供着吕洞宾之像。从这里穿过郁郁葱葱的林间，便来到了娥皇、女英二妃墓（图105-2）。远近枭声可闻，这里实在是一处静寂之地。有唐李白作的诗《陪族叔刑部侍郎晔及中书舍人贾至游洞庭》："洞庭西望楚江分，水尽南天不见云。日落长沙秋色远，不知何处吊湘君。"诗中的湘君即此二妃。

图104-1、图105-1转载自《亚细亚大观》，拍摄于1937年。
图105-2由诸桥辙次博士于1920年5月16日拍摄。

图 104-1・岳阳楼

图 104-2 · 岳阳楼

图 105-2 · 君山 · 娥皇女英墓

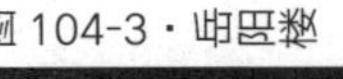

图 104-3 · 岳阳楼

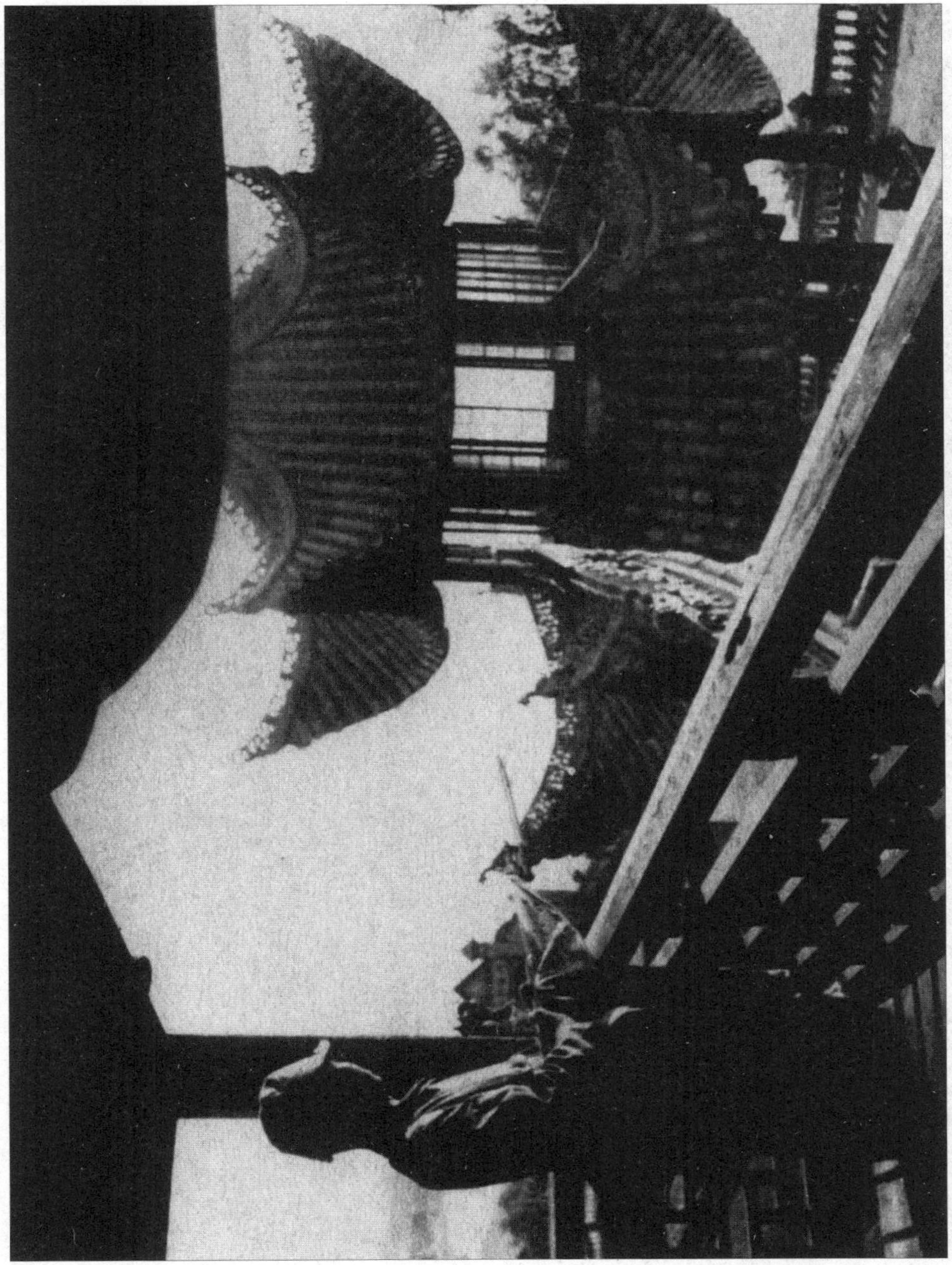

图 105-1 · 君山 · 远眺

摄于长沙龙王庙

前排左起:道香和尚，永光和尚

后排左起:常盘大定，古川与八，甲斐龙一

湖南沩山

密印寺

沩山乃禅宗五家流派之一的沩仰宗开祖——唐代灵祐的故址，位于湖南长沙西北二百五十里处，属宁乡县。

密印寺在沩山高地平原。根据记载，山中有裴公庵、裴公墓、石龙枧、仰山净室遗址、香岩岩、回心桥、盘陀石等名胜。最近由于遭散军张三元的焚毁，昔日雄伟的巨刹如今只是一堆废墟（图 106）。如此深山偏僻之地罕有的名刹，重建大概是一桩至难之事。山里人非常害怕散军，极其警惕小心，见到外来人，便要先确认是否为散军，再引入客堂内。

密印寺背后小山称为沩山。沩山是有名的茶叶产地，满山遍野被开拓成茶园，种植着茶树。笔者立于寺内庭中眺望，近处是天王殿废墟（图 107-1），远处是象王峰。象王峰上奇岩耸立，据说有仙人送供石之名。笔者于 1922 年 1 月 11 日来此地游览时，首先来到了香岩岩。香岩是禅宗史上有名的禅师，他因闻击竹之声得到大悟而闻名于世。然而寺僧竟然无一人知道他的名字。《沩山记》中有朱廷鉴游岩小记，其内容为：香岩岩在密印寺西南三里外，山径湫隘，无正道，或披蓁莽、或涉乱流。故到此地探访者逐渐变少，到了最后，连其遗址的所在都被忘记得一干二净了。

密印寺已被散军付之一炬，万佛殿里用白垩造的巨柱、嵌有小佛龛的内壁暴露于风雨之中，周围一片废墟（图 107-2）。其建筑属现代样式，就算没有变成废墟，可能也没有多少值得一睹之物。寺庭里有一块巨岩，上有二孔。根据传说，灵祐开堂之时，孔中自发流出油与盐。因此该岩石称为油盐石。这可能是有意编造的。也就是说，是想显示给世人看灵祐的道德风化四方、自有油盐。巨岩背后有石龙枧，这是一条石渠。唐丞相裴休的夫人忧虑山房缺水，得一水源，便使用这条石渠引水入寺中厨房。石渠称为枧，水源称为龙王井或优钵芦花水，实为沩水之本源（图 107-3）。

密印寺东边耸立着端山，靠近山顶之处有裴公墓。墓在高地，可眺望到数里远。扒开草莽，爬上山一看，墓早已被挖开，只有周围石栏遗留在草丛中，而且连石栏也是清康熙年间重修之物。沩山原本有宋代禅德坟墓三十余处，但遭土人悉数毁坏，夷为平地。土人在上面建屋，坟墓故址被遮盖，仅佑祖塔与空印、彻堂诸塔一直保存到清朝中期，而

如今仅存佑祖塔（图 108-2、图 108-3）。

往山下走，靠近平地之处有回心桥（图 109-1）。其名称的来源与灵祐有关。据说，灵祐听从其师百丈之言，来到沩山中，一住七年，绝无来者，于是下山至此，见蛇虎交横在路，不能前行，心有所感，说："吾若于此山有缘，汝等各自散去。吾若无缘，吾从路过，一任汝吃。"言讫，虫虎四散而去。灵祐因此奇遇而回心转意，改变下山打算，转而回庵。不久，同门懒安从百丈处来，辅佐灵佑。然后又有许多人来，一下子聚集了千余人。回心桥为沩山中最能触动游子心灵之地，有中国大地罕见的好风景。

离回心桥不远处的田间有巨岩横空而出，名曰磐陀石。上面平坦，可坐数人（图 109-2）。传说这是沩山仰山父子分柿机缘之地。此事出现于《沩山志》中，《志》将盘陀石之所在地写为华严坪上。

图 106・密印寺・废墟

图 107-1・密印寺・天王殿废墟

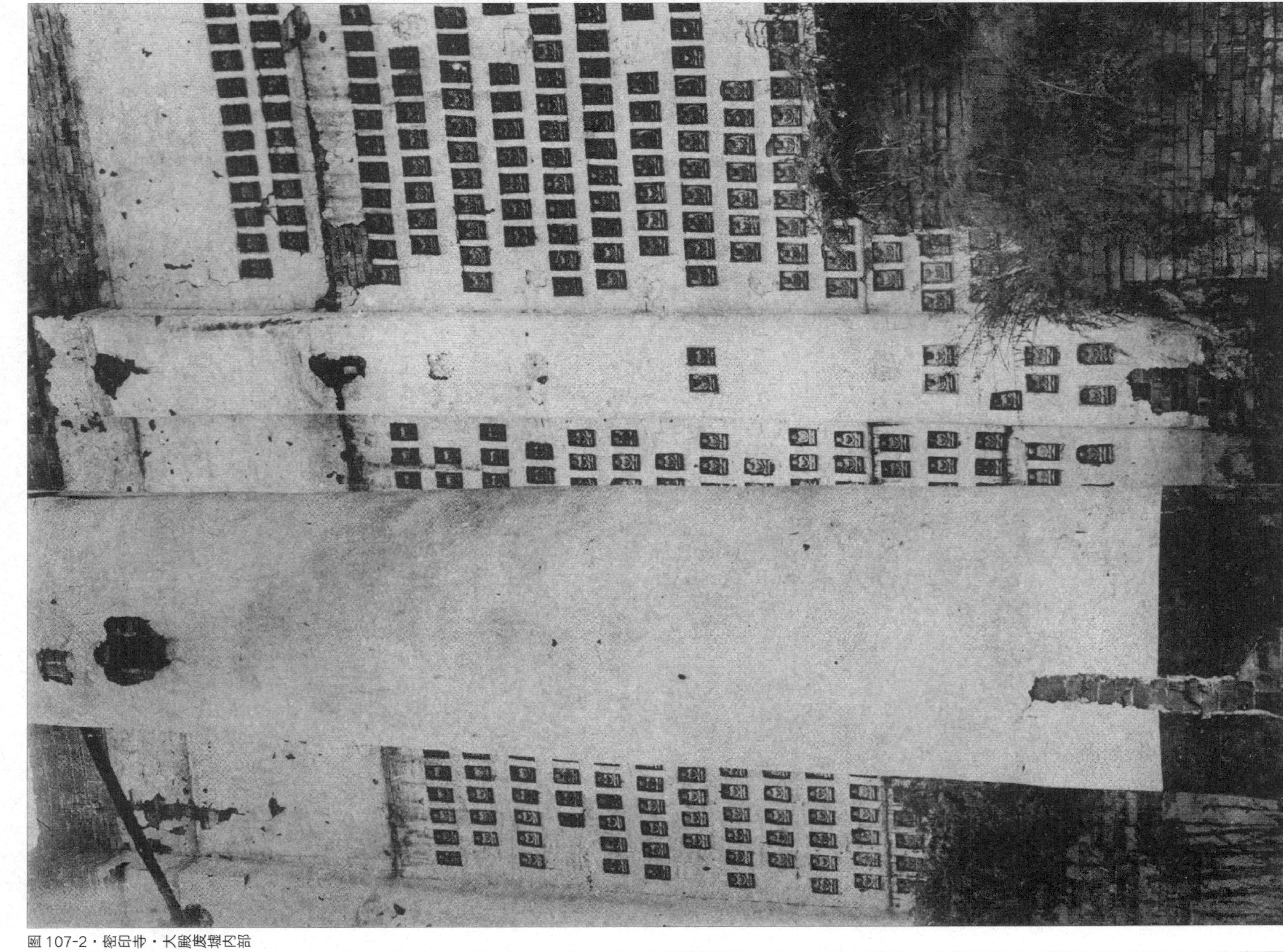

图 107-2・密印寺・大殿废墟内部

图 107-3・密印寺・石龙枧

图108-2·端山·裴公庙

图109-2·沩山·磐陀石

图 108-3 · 端山 · 远景

图 109-1 · 沩山 · 回心桥

同庆寺

同庆寺在沩山南麓，距山中的密印寺二十里，因有开祖灵祐墓塔而闻名。寺遭散军放火烧毁，如今(1922年1月11日)大殿只是一处废址(图110-2)。大殿遗址后方重建一座小庵，悬挂着佑祖塔院之额(图110-1)。寺内僧人称里面的祖塔为全身塔，特加珍重，然而那是焚毁前之物，如今的塔是用泥土做成的，形状怪异，实在很让游客失望。

院前右方有唐碑，上有礼部侍郎郑愚撰写的《敕赐大圆禅师碑记》。这真不愧为唐碑，无论形式还是石质，都是山中唯一的纪念物，然而石碑已断成两截，且下半截已丢失，碑中文字又磨损严重，无法识读。这是几经回禄之灾后变成这副模样的。石碑螭首与普通唐碑不同，两端双龙未咬住碑肩，稍稍昂首吐气，实属罕见。左右蟠结的手法也属简古，额非常大，盖为唐碑中的一个特例(图111-1)。

根据《志》的记载，仰山净室遗址在同庆寺右一里远的油麻岭上。油麻岭就在附近，而如今寺内僧人却无人记得遗址。高耸于油麻岭上的山峰，有七贤峰之称，山体奇特挺拔，同庆寺门外的好风景，在中国大陆中少见(图111-2)。

同庆寺后面山上有裴公庵，据传这是唐丞相裴休的禅室。裴休因与华严学匠及诸多禅匠有交往而留下名声，特别是以撰写众多碑文而闻名。他皈依灵祐，特别虔诚，并在面向山中清溪旁的静林里造尘外庵室，高踏世外，最后还让人在其他山岭——端山上筑其坟墓。裴公庵建筑极其潇洒，其外形宛如禅寺中的别庵。笔者里里外外找寻，最终没有找到一片可以讲述裴公事迹的金石，感到非常遗憾。不过，笔者也没有找到一点儿蛛丝马迹来怀疑这不是裴公庵(图108-1)。

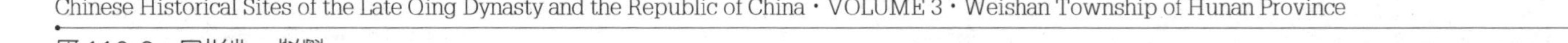

图 110-2・同庆寺・废墟

院

图 110-1・同庆寺・佑祖塔院

图 111-1 · 同庆寺 · 唐碑

图 111-2 · 同庆寺 · 门外风景

唐灵祐禅师

如果将礼部侍郎郑愚于灵祐寂后十三年撰写的《敕赐大圆禅师碑记》作为基本资料，并参考《宋高僧传》的话，我们可以稍微完整地了解灵祐的生活。

灵祐乃福州人，依法恒律师剃发受具，入天台山，遇寒山与拾得两子于途中，得预言式的一偈——"遇潭即止"。后灵祐至江西泐潭，谒百丈，顿了祖意。元和末（820），灵祐奉百丈之命，住于潭州大沩山。沩山距郡郭十舍而遥，极其偏僻，敻无人烟，比为兽窟，灵祐以橡栗充食，风雨中默坐。有山民见之，共营一宇。时李景谦〔译者注:原文为"李景謙",《宋高僧传》([宋]赞宁撰，范祥雍点校，中华书局，1987)为"李景让"〕统摄湘潭，奏请圣上，山门号同庆寺，让其统率大众千有余人。唐武宗会昌五年（845），发生破佛之变，灵祐遽裹首为民，与蚩蚩之辈无任何区别，有识者益贵重之。后湖南观察史相国裴休，酷好佛事，值宣宗释武宗之禁，固请而迎之，乘之以己舆，亲为其徒列，非常敬重灵祐。当时又议重削其须发，灵祐始不欲，戏其徒曰："尔等以须发为佛耶？"然其徒愈强之。不得已，又笑而从之。大中七年（853），以高龄八十三岁入寂，葬于沩山之南阜，该地点乃现在的塔院。正如其所言"实际理地不受一尘，万行门中不舍一法"，灵祐身体力行，有发无发皆随缘，树立起一种严谨的禅风。对此，郑愚赞之曰："既无得于生，必无得于死;既无得于得，必无得于失。"

灵祐的弟子中有仰山本寂与香岩智闲两位杰出人物。根据记载，其遗址在沩山中。然而，如今沩山禅宗衰败，难以寻访。在五家之中，灵祐博得严谨的嘉誉，这从其遗留下的名篇——《警策》中也可以清楚看出。灵祐在五家中最早绝后，这大概是因为严谨的禅风不适合于南方的风尚。笔者常盘于 1922 年 1 月走访此地时，听说最近长沙永光和尚发起运动，欲复兴沩仰宗，响应者颇多。笔者心中颇感到欣慰。

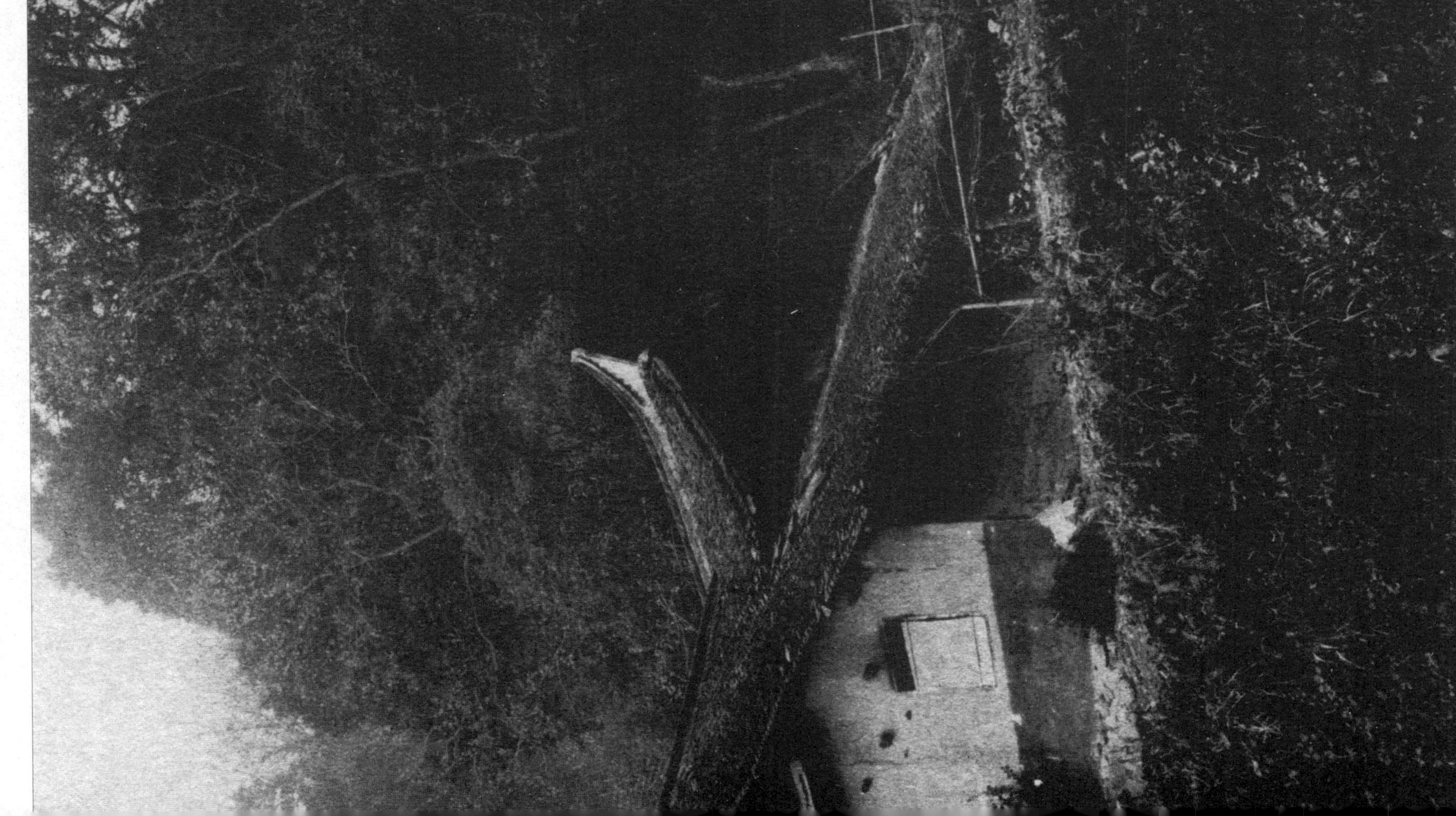

图 108-1 · 沩山 · 裴公庵

沩山途中

沩山在长沙西北二百七十里处，路途遥远，访之颇不容易。笔者常盘业已探访了南岳，心想既然到了南岳，则沩山也应该看看，于是，便于 1922 年 1 月 8 日冒着寒风白雪来到沩山。长沙永光和尚曾执掌沩山事务六年，与沩山有特殊关系。现在他正致力于将隶属于临济宗的沩山复兴为沩仰宗，听说笔者欲访沩山，非常高兴，便特地将笔者介绍给了宁乡县的佛教会。1 月 8 日，夜幕尚未降临之际，笔者来到宁乡县小西门外佛教会。佛教会以补蕉老师为长，问道、普生两僧辅助。民国七年，沩山遭遇张三元散军放火焚毁。佛教会受此刺激，谋求保护庵庄，并努力复兴沩山。问道和尚乃回龙山住持，受永光和尚之托，特为东道，前来佛教会。1 月 9 日，笔者在他的陪伴下，至回龙山白云寺，承蒙好意，住了一宿。回龙山距长沙有一百多里，因此，前方路途还有一百七十里。白云寺为新建筑，据说原本属于沩仰宗。看来此寺乃沩仰宗复兴运动的一个中心地（图 112）。

1 月 10 日，笔者沿着沩水，乘轿前行。周围风景与日本颇为相似。图 113–1 中的草葺屋顶的农家，图 113–2 中的木板屋顶的农家、树木以及翘起尾巴的小狗，图 114–1 中的木结构房子、拴着扁担的竹筐，图 114–2 中的水车，无论哪一个都与日本有很多相似之处，故笔者将图片刊登出来。笔者走访其他各省，没有见到像湖南省特别是长沙有这么多与日本相似的东西。在急匆匆的旅途中所看到的东西，就有如下所列出的那么多。也许是因为两个地方树木茂密，特别是到处都有竹子，以及有很多的水，这样自然而然地便觉得彼此相似了起来。不过，还是有其他值得考虑之处。以下列出两地相似之物。

雨伞，草鞋，木屐，斗笠；

船的结构，橹，推橹，船桨，帆与网，抬网；

民家的结构，草葺屋顶，木柱，壁，壁板，便所；

炉，炉火，可自由伸缩的吊钩，提桶，耙子，箍，铊，镰，锹，扁担，秤；

脱糠机器，唐式畚箕；

鸡，狗，以大米为主食，三餐，松树。

笔者对于途中有如此多的相似之处，感到十分诧异，想拿出其中一些给人们看看，便以图片形式将它们刊登出来。（常盘大定 文）

图 112-1・回龙山・白云寺全景

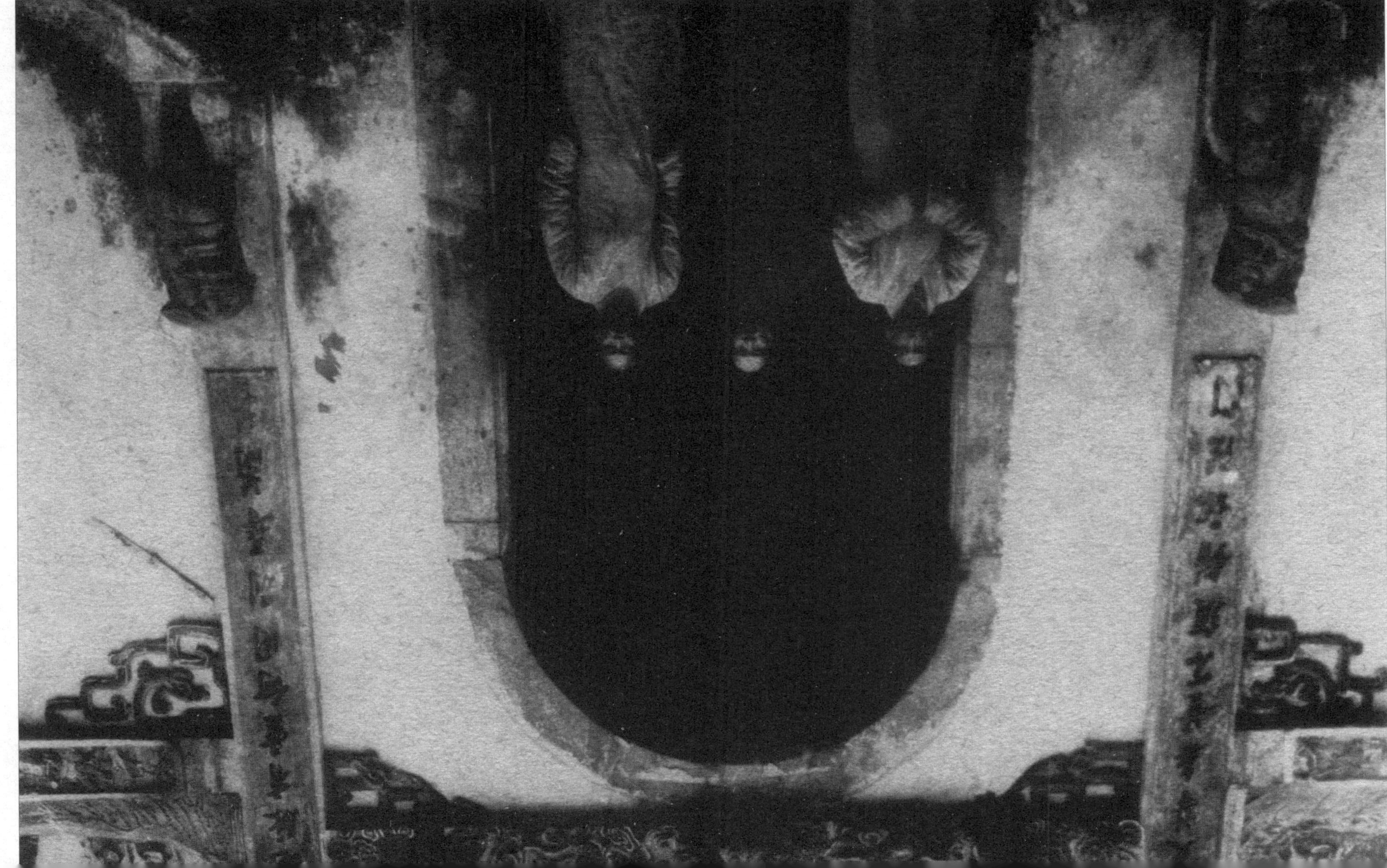

图 112-2・回龙山・白云寺门

图 113-1 · 沩山途中

图 113-2・沩山途中

图114-1·沩山途中

图 114-2・沩山途中

湖南长沙

长沙自古以来为湖南学术中心，学者群聚，而笔者没有机会跟他们接触，只是探访了贾谊祠和曾国藩庙。贾谊祠是贾太傅故宅之地（图115-1）。

曾国藩是一位自洪杨之乱中拯救国家的大功臣，其祠规模堂皇，如今（1921年12月23日）成了军营，笔者无法入内（图115-2）。其旁有王船山的船山学社船山学校。天心阁在小山丘上，是曾国藩击败太平天国军之故地，现在也成了军营，极为杂乱荒芜。图116-1为诸桥辙次博士于1920年5月6日所拍摄。

黄兴为第一革命功臣，其墓在岳麓山顶上。如图116-2所示，墓完全为西式。

长沙著名的僧人有道香和尚与永光和尚。道香以书闻名，永光以学著称；道香在上林寺，永光在龙王庙。笔者常盘去南岳是得到道香和尚的介绍，而去沩山则是得到永光和尚的介绍，在两人的帮助下，一路顺利，达到了走访的目的。照片是特地拍摄下来作为纪念的。正如在沩山探访记所写的，永光和尚为了将现在属于临济宗的沩山回归成往昔的沩仰宗而努力奔走。然而，其所住之地龙王庙却是道佛二教调和之地。一方面，佛寺住进了道士，成为庙观；另一方面，道庙住进了佛僧，说不定以后什么时候会变成寺院。（常盘大定 文）

图115-2·曾国藩祠

图 115-1 · 贾谊祠

图116-1·天心阁

图 116-2 · 黄兴纪念碑

译后记

本书从2008年开始翻译，2009年4月交第一稿，2015年2月再次修改，4月交第二稿，2017年3月校稿。

作者在写作中参考、引用了大量中华古籍，将原本是古汉语的文字用日语汉文训读体表达出来。译者在翻译时需要将日语训读文再倒回汉语。一般说来，从训读文较容易倒回古汉语原文，但如果不参考原来的中华古籍，译者还是很难原原本本地将古汉语原文写出来。因此，在本书的翻译中，译者常常需要翻阅原作者参考、引用的中华古籍。译者参考的古籍有：《羊城古钞》（〔清〕仇巨川纂，陈宪猷校注，广东人民出版社，1993），《续修四库全书·〔道光〕广东通志》（〔清〕阮元修，陈昌齐等纂，上海古籍出版社），《景德传灯录译注》（〔北宋〕道原著，顾宏义译注，上海书店出版社，2010），《嘉定钱大昕全集（陆）·潜研堂金石文跋尾》（〔清〕钱大昕撰，祝竹点校，陈文和主编，江苏古籍出版社，1997），《金石萃编》（〔清〕王昶撰，江苏古籍出版社），《粤东金石略》（〔清〕翁覃溪著，石洲草堂梓，1891），《十国春秋》（〔清〕吴任臣撰，徐敏霞、周莹点校，中华书局，1983），《明清四大高僧文集·憨山老人梦游集》（曹越主编，孔宏点校，憨山著述，北京图书馆出版社，2004），《法宝坛经》（惠能述，1607），《重修曹溪通志》（〔清〕马元，释真朴重修，明文书局印行，1980），《学海类编》（〔清〕曹秋岳辑，陶艾村增订，涵芬楼，1920），《王子安集注》（〔唐〕王勃著，[清]蒋清翊注，上海古籍出版社，1995），《佛祖统纪》（〔宋〕释志磐撰，日本早稻田大学图书馆藏），《宋高僧传》（〔宋〕赞宁撰，范祥雍点校，中华书局，1987），《高僧传》（〔梁〕释慧皎撰，汤用彤校注，汤一玄整理，中华书局，1992），《南汉金石志补征》（〔清〕吴兰修辑；陈鸿钧、黄兆辉补征，广东人民出版社，2010），《潮州府志》（〔清〕周硕勋，珠兰书屋），《北京图书馆古籍珍本丛刊77·佛祖历代通载》（〔元〕念常撰，书目文献出版社），《大沩山古密印寺志》（〔清〕陶汝鼐，〔清〕陶之典编纂，梁颂成点校，岳麓书社，2008），《重刻灵山正宏集》（〔清〕释本果撰，郭思思、陈琳藩整理，暨南大学出版社，2016）《文渊阁四库全书（电子版）》（上海人民出版社，1999）等。另外，还参考了《胡适文集（4）·胡适文存三集》（欧阳哲生编，北京大学出版社，1998）。

译者参考了这些古籍，尽量使引文的翻译接近于古籍原文的文字。但由于这是翻译，译者并没有在所有的地方都完全照抄古籍原文，有些地方作者原本就是摘译为日语，汉语译文也相应地使用间接引语式的写法。另外，有些地方虽然原文照抄，但参照作者的写法没有特别加上引号。因此，作者的文字与引用古籍的文字常常混在一起。译者通常是将日语原文翻译为汉语，然后查找作者参考的中华古籍，再根据古籍原文进行修改，尽量使文字接近古籍原文，但有些地方经权衡之后仍旧保留作者使用的文字。

原书出版的时间较早，文中出现较多文字脱落、用字错误，有些明显的错误根据编辑的要求，在译文中进行了修改。有些地方使用文内括注的形式标示出来。原书引用的中华古籍有些地方与译者参考的书籍有文字上的不同，译者尽量按忠实于原文的原则照抄。

本书由黄文溥翻译，整本书大致翻译了一遍以后，杨贵章在译文（汉语部分）上修改过一次，以后黄文溥又反复对照原文进行了多次修改。

黄文溥